ROBERT LESAGE

Charles TELLIER

Le Père du Froid

LIBRAIRIE-ÉDITIONS A. GIRAUDON
56, RUE NOTRE-DAME-DES-CHAMPS, PARIS (6e)
1928

CHARLES TELLIER

ROBERT LESAGE

CHARLES TELLIER

Le Père du Froid

(1828-1913)

LIBRAIRIE ÉDITIONS A. GIRAUDON
56, RUE NOTRE-DAME-DES-CHAMPS — PARIS (6e)

1928

A

CHARLES TELLIER Fils

MON AMI

ET

DÉVOUÉ COLLABORATEUR

AVANT-PROPOS

Il y a quelques années, accompagné de deux de ses fils, l'administrateur délégué d'une société frigorifique du Havre, au cours d'une randonnée dans la « Suisse normande », s'arrêtait à Condé-sur-Noireau, sur une place qu'une modeste statue ornait.

Intrigués, les fils demandèrent à leur père quel était le grand homme que les habitants de Condé avaient voulu honorer.

« Charles Tellier, le père du Froid, savant français, à mon avis trop inconnu, répondit le père, car sa découverte, dont lui personnellement n'a pas profité, a donné un essor considérable à toute l'industrie frigorifique. »

A quelque temps de là, la famille havraise, qui était venue habiter à Paris le quartier d'Auteuil, assistait au Patronage d'Auteuil-Point-du-Jour à une séance récréative.

Les jeunes gens y donnaient une représentation très réussie d'une des plus spirituelles comédies de ces dernières années : *Knoch ou le Triomphe de la Médecine*.

Quel ne fut pas son étonnement d'entendre, pendant l'entr'acte, le conseiller municipal d'Auteuil, M. Fernand-Laurent, annoncer, après avoir remercié les organisateurs de la réunion, que la Ville de Paris avait enfin accepté la proposition qu'il avait soumise au conseil municipal de donner le nom de Charles Tellier à une nouvelle rue d'Auteuil !

C'était sur la demande du directeur de cette œuvre de jeunesse, qui l'avait ardemment désiré, que le conseiller municipal, connu et estimé de tous, faisait part en cette séance publique de la bonne nouvelle.

Au cours de la même allocution, M. Fernand-Laurent rappelait que le fils de Charles Tellier, qui habitait le quartier où son père avait vécu et travaillé tant d'années, se dévouait sans compter au Patronage si florissant d'Auteuil-Point-du-Jour.

« Alors, c'est encore du Père du Froid dont « on parle aujourd'hui ? » demandèrent à leur « père les jeunes Havrais.

« Oui, leur répondit-il, mais ce n'est pas assez « qu'une petite ville de Normandie et qu'un quar-

« tier de Paris se souviennent de Charles Tellier, « il faut absolument que la France rende un « hommage public et mérité au grand et modeste « savant : ce sera au cœur même de sa Capitale « qu'il faudra ériger une statue en l'honneur du « Père du Froid ».

« Les deux circonstances qui nous ont fait « retrouver sur notre chemin le souvenir de « Charles Tellier, pour lequel j'ai une admiration « profonde, auront un résultat tangible. Il faut « que tous ceux qui ont profité de la découverte « du Père du Froid acquittent leur dette de recon- « naissance en organisant une grande manifes- « tation à laquelle les Pouvoirs Publics tiendront « à participer. »

Grâce au Patronage d'Auteuil-Point-du-Jour, l'idée fut lancée et mise à exécution.

I

L'HOMME

I

L'HOMME

Un Américain du Nord, M. Walter R. Sanders, n'a pas cru exagéré de dire que « la machine à froid mérite d'être mise sur le même rang que la machine à vapeur et l'électricité, comme l'un des principaux agents du développement des progrès et de la prospérité de l'humanité (1) ».

Or, c'est un Français — encore un Français, comme par hasard, — qui est le promoteur de l'industrie frigorifique mondiale : *Charles-Louis-Abel Tellier*.

Chose curieuse, la seule statue qui lui fut érigée jusqu'à présent se trouve sur la place de la mairie d'une petite ville de province, Condé-sur-Noireau, en Normandie, au confluent de la Drouance et du Noireau. Elle est la patrie authen-

(1) Commnnication présentée au 4e Congrès international du froid, Londres, 1924.

tique de l'amiral Dumont d'Urville (1790-1842), auquel la municipalité a également élevé un monument; mais elle n'est que la patrie d'adoption de notre savant.

Charles Tellier en effet est né à Amiens le 19 juin 1828, au n° 15 de la rue des Trois-Cailloux. Mais il n'avait que quatre ans environ lorsque sa famille vint habiter la Normandie.

Ville industrielle, à 25 kilomètres de Vire, Condé-sur-Noireau a toujours eu de nombreux filatures et tissages de coton. C'est un de ces derniers établissements que le père de notre inventeur, Louis-Augustin Tellier (1800-1882), dirigeait.

Il est encore connu sous le nom de *Tissage du Pont-Cel*. L'usine comptait 6000 broches, chiffre important pour l'époque.

Charles Tellier fut placé au collège de la ville, où une plaque commémore son passage. Les crises commerciales ayant ruiné la filature paternelle, l'enfant ne put pas poursuivre ses études d'enseignement moderne, et vers l'âge de quinze ans suivit ses parents vers la capitale.

L'instruction soignée qu'il avait reçue en ce collège servit au moins de base sérieuse à ses études subséquentes. Très jeune, son précoce génie inventif lui faisait envisager toutes sortes de problèmes, que son travail personnel lui permettait d'approfondir et de mûrir avec ténacité.

A lire ses ouvrages, on croirait volontiers que ce novateur hardi est sorti d'une de nos grandes écoles et qu'il y a formé son jugement et sa plume, tout en s'initiant à toutes les sciences modernes. Il n'en est rien : Tellier est un autodidacte.

A Paris, la famille Tellier habite le quartier des Batignolles. Charles travaille pour gagner sa vie, mais il ne mange pas toujours à sa faim. Il racontait volontiers qu'à cette époque, il ne faisait qu'un repas par jour.

Quelques années plus tard, il est associé à un Monsieur Bailly dans une maison de Commission et d'Exportation.

L'amour du travail et la persévérance sont les deux caractéristiques de sa vie. En faut-il davantage pour aboutir, sinon pour remporter le succès qui, lui, dépend de cent facteurs divers?

Tellier aime passionnément la chimie et il y consacre tout le temps que lui laissent ses occupations professionnelles.

Il se met à étudier les propriétés de l'ammoniaque, de l'éthylamine, de la triméthylamine et de l'éther méthylique. Rien ne l'arrête : ni le procès qui le dépossède de son premier appareil à circulation d'ammoniaque, ni l'odeur de poisson pourri des deux autres corps qui s'imprégnait dans ses cheveux et dans ses vêtements au point qu'il n'osait plus voyager en omnibus, ni même une grave explosion qui faillit lui coûter la vue.

Il suffit quelquefois, en chimie, d'une réaction trop rapide pour occasionner les accidents les plus graves.

Notre jeune savant avait versé dans un ballon deux litres d'acide sulfurique et autant d'alcool méthylique. Il tenait ce ballon dans les mains à hauteur de ses yeux. Tout à coup, un vif dégagement de gaz se produisit.

« J'entendis les tubes, restés ouverts, siffler et, tandis que je cherchais un valet pour poser le ballon, celui-ci éclata, me couvrant de la tête aux pieds du liquide corrosif.

« Aveuglé, j'appelai au secours, comprenant qu'ouvrir les yeux pouvait m'être funeste. D'ailleurs les paupières s'étaient rapidement et heureusement fermées et tuméfiées. On accourut à mon aide. Déjà le feu avait pris à mes vêtements. Je donnai l'ordre de m'asperger à grande eau. Quand je sentis le lavage suffisant, j'écartais avec le doigt les paupières d'un œil. J'y voyais, de celui-là au moins. Ma joie fut grande, car je me croyais aveugle et je n'avais plus à craindre que d'être borgne.

« Ceci prouve que tout est relatif ici-bas.

« Un médecin, appelé rapidement, ordonna de me coucher, de maintenir des compresses d'eau fraîche sur les yeux et le front (1). »

Ce traitement dura huit jours. Deux semaines après l'accident, Tellier était debout et reprenait son expérience.

Il obtint alors l'éther méthylique liquide qu'il désirait depuis longtemps.

La ténacité l'avait conduit au premier succès, dont dépendaient tant d'applications.....

A cet amour passionné de la recherche et à cette persévérance audacieuse, Tellier joignait la loyauté et le désintéressement les plus absolus. L'incident de la prison de Clichy en est sans doute l'exemple le plus frappant.

Ses parents demeuraient rue de Passy, et lui-même habitait, rue de Boulainvilliers, un pavillon situé au fond d'un jardin.

Il raconte plaisamment l'incident :

« C'était un matin de juin.....

« Il était à peine 6 h. 1/2, le temps était magnifique.

(1) *Le Frigorifique*, p. 17.

« Avant de me mettre au travail, je humais avec délices l'air frais, bienfaisant.

« J'étais en pleine quiétude d'esprit et de corps, prêt à donner une bonne poussée. Je ne m'attendais guère à ce qui allait survenir.

« Tout à coup, j'aperçois un individu pénétrant à pas lents dans le jardin. Cette visite, plus que matinale, m'étonna.

« Toutefois, je fais entrer le visiteur dans mon bureau.

« Sa conversation était embarrassée. Il me parlait sans suite, faisant parfois allusion au procès C. Ceci me surprenait ; puisque c'était chose finie depuis longtemps.

« Survint, au bout de quelques instants, un second quidam.

« Celui-ci, gros, commun, m'inspirait encore moins. A son tour il amena la question sur le même procès.

« Mon étonnement augmentait d'autant, quand un troisième personnage fit brusquement son entrée.

« Cette fois, ma surprise fut à son comble.

« Elle dura peu, car ce dernier visiteur ne fit pas de phrases.

« Me montrant une écharpe, il me dit qu'il était le commissaire de police ; qu'ayant été condamné solidairement à payer 6000 francs de frais dans l'affaire C., j'avais le choix : payer ou aller à Clichy (1). »

Tellier avoua son impuissance pécuniaire et demanda s'il pouvait faire opposition. Il avait été en effet déclaré solidaire et estimait qu'avant d'agir contre lui, les poursuites auraient dû être faites contre les bailleurs de fonds, véritables débiteurs.

On le conduisit alors chez le président du tribunal civil, qui d'un ton paternel lui expliqua que « toute la jurisprudence ayant été épuisée, je n'avais qu'à me résigner à mon malheureux sort. C'était facile à dire (2) ».

Sur ce, Tellier refusa d'être conduit chez ses créanciers, mais voulut bien qu'on le conduisît chez leur avoué.

L'avoué adverse lui proposa la liberté et une réduction de la somme à payer s'il s'engageait à ne plus s'occuper du froid.

Tellier protesta.

« Une semblable transaction, lui dit-il, serait, à mes yeux, coupable. Je suis l'auteur de l'appareil, ma conscience ne me permet pas un

(1) *Le Frigorifique*, p. 20.
(2) *Ibid.*, p. 23.

compromis, qui serait l'aveu tacite du contraire et par suite la reconnaissance d'une mauvaise action, non commise.

« J'appelai le garde du corps, ajoute-t-il, et lui dis : Allons à Clichy (1). »

Quand on va en prison pour un pareil motif, c'est une gloire. L'honnête homme préfère subir une injuste punition plutôt que d'accepter un compromis qui porte atteinte à son honneur et à la vérité.

Tellier ne se plaignit pas du traitement qu'il subit à la prison de Clichy.

Il était résigné.

Protester étant devenu inutile, il se tut, mais, « victime d'une indigne action », il ne voulut pas perdre son nom à l'entrée comme il en avait la facilité.

La description qu'il fait de sa demeure temporaire prouve qu'il sut saisir le bon côté des choses. A la suite d'un gardien, il traverse un parloir, voit à gauche la chapelle, puis entre « dans une vaste galerie, pleine de lumière, où un grand nombre d'hommes, de toutes conditions, s'ébattaient à qui mieux mieux, paraissant prendre l'existence en assez bonne part ».

(1) *Le Frigorifique*, p. 24.

Un restaurant particulier, un jardin planté de beaux arbres et agrémenté d'un jeu de boules, dans la galerie deux billards, des jeux de loto, dominos, échecs, jacquet, etc..., un cabinet de lecture, il ne manquait rien. Tellier dit spirituellement : « En somme, Clichy était une sorte de collège pour adultes, dans lequel ceux qui le voulaient jouaient toute la journée. »

Notre savant n'était certainement pas de ce nombre : il travaillait dans sa chambre.

Il achevait la rédaction de son livre sur l'amoniaque, qui devait paraître l'année suivante.

Près de huit mois s'écoulèrent ainsi. Tellier sentit la tristesse l'envahir peu à peu. « Je n'étais plus en contact, dit-il, avec les mille circonstances faisant naître l'activité... Le meilleur courage s'émousse avec le désœuvrement. »

Spontanément, le directeur eut l'idée de le libérer. Chaque créancier devait payer pour la nourriture de son homme 45 francs par mois. Faute de paiement exact, on vous mettait à la porte. A la fin du mois, les fonds destinés à l'entretien de Tellier n'étant pas arrivés, le directeur lui fit signer une requête au président. Le lendemain matin, il était libre.

Telle fut la plus grande vexation que notre savant eut à subir au début de sa longue et laborieuse carrière. Sa sérénité n'en fut point altérée.

Avec calme, il reprit son travail et poursuivit ses recherches.

Plusieurs fois encore, il fut l'objet des convoitise de malins qui voulaient s'approprier le fruit de ses découvertes. Tous ces obstacles, auxquels le plus souvent il ne fit que de brèves allusions, mettent en relief la noblesse de son caractère et sa loyauté.

Un jour, il accueillit chez lui un jeune homme, un étranger, qui lui fut présenté sous les meilleurs auspices. Son but était, paraît-il, de perfectionner, par quelques études pratiques en France, les recherches scientifiques auxquelles il se livrait. Il resta environ six mois chez Tellier, passant de l'atelier de dessin à la fabrication. Tout à coup il disparut, non sans écrire à son hôte une lettre qui révéla ses intentions. Il construisait une machine à glace et n'avait d'autre peine que celle d'utiliser, le soir, les renseignements qu'il dérobait le jour. « Cette peine, on le voit, dit Tellier, n'était pas grande, et il était impossible d'être plus pratique, au point de vue de l'assimilation du bien d'autrui. »

« Je répondis à mon personnage, dit-il, que je ne savais pas comment en son pays on nommait cette façon d'agir, mais que chez nous cela s'appelait un vol de confiance (1). »

Il est assez malaisé de savoir où se passa cet incident. Ce doit être dans l'usine frigorifique d'Auteuil, qu'il créa en 1870, au n° 99 de l'avenue de Versailles (2), au coin de la rue Wilhem. Après la rue de Passy, en effet, où ses parents continuèrent de demeurer, il habita le n° 21 de la rue de Boulainvilliers, puis la rue Gros et l'avenue de Versailles.

Il ne faut pas croire que Tellier fut un naïf, croyant béatement que ses idées personnelles seraient immédiatement accueillies. Il prévoyait au contraire les objections qu'on leur opposerait, il devinait les défiances dont elles seraient l'objet, mais il avait confiance.

« *Elle triomphera*, disait-il, *de l'une d'elles. Un jour, elle aussi aura son heure. Cette heure quand viendra-t-elle? Je l'ignore. Peu importe. Mon intention n'est pas d'assigner une époque à la réalisation*

(1) Communication aux actionnaires de la Société fondatrice. Paris, E. Donnaud, 1877, p. 110.

(2) « Cette usine frigorifique, la première qui ait fonctionné dans le monde, était d'un loyer de 9.000 francs. Elle comportait : « force motrice, machines frigorifiques, frigorifères et chambres froides, bref, rien de plus, rien de moins que ce qui est en usage, avec plus de développements, dans les entrepôts frigorifiques de l'époque actuelle. » GEORGES A. LE ROY, *A la gloire de Charles Tellier*, p. 79.

de ce que je crois être un progrès. Mon but est plus humble, plus modeste. Je veux simplement aller à ceux qui aiment le bien; j'ambitionne d'être jugé par les esprits sérieux. Si mes vues méritent leurs attentions, si elles rallient leurs sympathies, l'idée fera son chemin et avec elle viendra le bien qu'elle peut produire (1). »

M. P. Deschanel reprit la même idée quarante ans plus tard, et Tellier eut soin de citer une de ses phrases en tête de son livre *Le Frigorifique* : « *Le sort de tous les grands progrès politiques et sociaux reste le même. Ils sont d'abord bafoués et peu à peu ils font leur chemin* (2). »

Dans l'Introduction de ce même ouvrage (3), l'auteur résume ainsi toute sa vie : « *L'histoire qui va suivre est un récit vrai. Il a pour but de montrer combien est dure l'escalade du progrès... on pourra être surpris de voir qu'au milieu des recherches racontées, lesquelles ont fait la richesse de beaucoup, la fortune soit restée rebelle à leur auteur.* » La première des raisons qu'il en donne est la suivante : « *Le rôle de précurseur est trop souvent ingrat.* » Il se heurte aux idées préconçues, aux routines indéracinables, aux habitudes

(1) *L'impôt unique et ses conséquences*, 1868. Introduction.
(2) Discours à la Chambre, 21 octobre 1909.
(3) Datée du 25 septembre 1910.

individuelles et collectives. En principe, tout le monde parle de progrès, aime le progrès. Dans la pratique nous voyons chaque jour qu'il en est autrement. L'initiation au progrès n'est pas toujours appréciée.

Les réformes les plus logiques, les simplifications les plus opportunes rencontrent quelquefois une inertie farouche. Citons un détail : la France a adopté la division de la journée en 24 heures, et il est devenu courant de parler plus exactement qu'autrefois. Nous disons désormais 13 h. 45 et 20 h. 30. Il y a cependant des gens qui croiraient s'abaisser à simplifier leur langage : ils continuent à dire une heure trois quarts, huit heures et demie du soir.

Les habitudes irraisonnées sont encore plus tenaces quand il s'agit d'inventions qui touchent à la vie sociale.

Aussi faut-il que l'inventeur soit un homme de foi. Sans cela il ne peut rien faire. Ni les voleurs qui s'emparent impudemment de ses recherches, ni les faiseurs en quête de situations qui s'accrochent après les œuvres nouvelles, ni les astucieux qui affectent le dévouement pour faire ensuite dévier l'œuvre à leur profit, ne doivent arrêter le promoteur d'une idée, déjà paralysé par l'apathie des pouvoirs publics et de la foule anonyme.

« *Il ne connaît qu'une devise : En avant!* » dit Tellier.

« *Il ne voit briller qu'une lumière : la vérité.*

« *Et c'est ainsi que, toujours vaillant, il marche, les yeux fixés sur le but, faisant chaque jour provision nouvelle de courage, d'énergie, de persévérance.* »

Le Docteur d'Arsonval, de l'Institut, qui a préfacé l'ouvrage auquel nous avons emprunté ce superbe programme, n'a pas craint, pour sa part, de glorifier la noblesse de sentiments de notre savant. Nous ne pouvons nous empêcher d'en citer quelques phrases :

« *On y trouvera* (dans son livre) *un rare exemple de persévérance et la preuve qu'aucun insuccès, aucune injustice, ne peuvent arrêter, dans son essor, l'esprit que hantent le démon de l'invention et l'amour du progrès.... Tellier a dû être, tour à tour, inventeur, industriel, commerçant, financier, etc... Un seul homme ne pouvait suffire à ces tâches multiples... Quelles récompenses a-t-il reçues pour le lustre qu'il a jeté sur sa patrie, pour les services exceptionnels rendus à l'humanité tout entière : la faillite (infirmée en appel) et la prison! On a honte à l'avouer.*

« *Rien pourtant n'a pu altérer la sérénité de l'illustre vieillard : il ne connaît ni la haine ni la rancune.....* »

Quand *la guerre de 1870* survint, Tellier, comme la plupart des Français, crut à la victoire, et même à une victoire prochaine.

Dès le début des événements, il avait fait provision de verres multicolores pour décorer, au premier contact des armées, l'usine qu'il avait créée si laborieusement.

On sait que le premier contact, hélas! ne fut pas en notre faveur et que les événements suivants furent de plus en plus tristes.

Plus l'étreinte se resserrait autour de Paris, plus ses lampions lui pesaient. « *Pour en finir avec l'espèce de cauchemar causé par eux,* dit-il, *je résolus de les jeter à la Seine.* »

Une idée plus pratique lui vint heureusement : il proposa à ses employés d'aller illuminer la statue de Strasbourg. Avec enthousiasme une voiture fut attelée. On y chargea échelles et lampions. Ce soir-là, le monument de Strasbourg fut décoré pour la première fois. L'usage s'en est conservé quelques années.

Le lendemain nous étions bloqués.

Une flottille de canonnières avait été amenée en Seine. Tellier mit ses locaux à la disposition du capitaine de vaisseau Thomasset, commandant la flottille. Volontiers les marins, qui campaient sur le quai, échangèrent leurs tentes contre les ateliers devenus vides. Ils furent parfois jusqu'à deux cents logés ainsi gratuitement pendant la plus grande durée du siège.

A la fin de celui-ci, l'ennemi canonna vigoureusement : son usine reçut sept obus; la Commune l'en gratifia de huit... Et pourtant, tous les soirs, après son dîner, il quittait paisiblement le domicile de ses parents, abordait la zone périlleuse d'Auteuil pour surveiller l'état des lieux. « *La population entière de Paris*, écrit-il, *fut digne d'éloges. Hommes, femmes, personne ne voulait se rendre. Le patriotisme le plus pur, le plus absolu, existait alors, et cependant la mortalité frappait fort. Les dernières semaines, le nombre des décès alla jusqu'à cinq mille.* »

Le pain vint à manquer. Tellier prenait ses repas dans un restaurant avec plusieurs amis. Arrivant un jour le premier, il fut surpris de voir figurer sur la carte... du pot-au-feu. Le mets était si rare!

Tout en lisant son journal, il se mit à manger. Le pot-au-feu lui parut si bon qu'il formula timidement le désir d'en avoir une deuxième fois. Il allait attaquer ce second plat lorsqu'un os ou pour mieux dire une côte, ressortant de la viande, attira son attention. Il se mit à songer.

« *Cette viande ne pouvait venir du jardin des*

plantes. Depuis longtemps tous ses hôtes comestibles avaient été livrés à l'alimentation.

« Ce ne pouvait être du chien, l'os était beaucoup trop gros.

« Ce ne pouvait être non plus des viandes introduites dans Paris. Quand le fait se produisait, elles étaient vendues à des prix inabordables pour les établissements comme celui dont j'étais l'hôte.

« Alors ce ne pouvait être que de l'homme !

« Cette déduction surgissant à ma pensée me remplit de trouble. Elle était d'autant probante que chaque jour, des combats étant livrés à la périphérie de Paris, il était facile à des êtres peu scrupuleux de prendre aux victimes des morceaux, de les mettre en circulation..... Vivement ému, saisi de dégoût, je me levai de table et, prétextant une indisposition, je payai et m'en allai. »

A quelque temps de là, il apprit par les journaux que le propriétaire du restaurant s'était suicidé. Il n'en était pas moins « *cannibale sans le vouloir* » ou simplement « *anthropophage* », « *avec cette circonstance aggravante, que j'ai trouvé bonne, très bonne, la viande ainsi absorbée* ».

Le pain enfin ne fut plus délivré qu'en échange d'un bon émanant de la mairie. Tellier fit comme tout le monde, il se présenta à l'employé chargé de délivrer ces bons. Mais après avoir attentivement consulté son livre, l'homme lui refusa, sous prétexte qu'il était mort.

« *Interloqué par cette déclaration plus qu'intempestive, je me palpai et n'eus pas de peine à me convaincre que j'étais bien vivant. Mon estomac lui-même, protestant de son côté, aidait à me fortifier dans cette croyance. Je m'inscrivis donc en faux contre cette assertion, et j'insistai. Ce fut en vain. L'employé, se reportant sur son livre et craignant sans doute une supercherie, tint bon. A nouveau il m'affirma que, ne vivant plus, je ne pouvais avoir du pain.* »

Il se contenta alors des bribes que ses amis lui donnèrent.

L'armistice vint heureusement le surprendre en ce dénûment, et peu de jours après, des Américains lui proposaient d'aller s'établir à New-York pour y faire de la glace. C'est par patriotisme qu'il refusa cette proposition. « *Est-ce bien au lendemain d'un désastre que je devais abandonner mon pays ?* »

Il reprit alors la production des carafes frappées — ce qui lui permit de vivre en attendant la reprise des affaires.

« C'était alors l'époque mémorable où l'éminent Pasteur publiait ses premières recherches sur la nature des fermentations et montrait le rôle essentiel que jouent les agents vivants dans la production de ces phénomènes (1). »

Qui nous dira l'influence mutuelle exercée par ces deux grandes intelligences, étudiant en même temps le même problème? Nous savons que Louis Pasteur, après avoir occupé la chaire de Chimie de la Faculté des Sciences, fut nommé, en 1868, directeur du laboratoire de chimie physiologique à l'École des Hautes Études et que l'Académie des Sciences l'avait déjà appelé dans son sein.

Or le savant fréquentait assidûment les ateliers de l'Annexe de Versailles, où Tellier, accueillant et toujours affable, recevait « le Tout-Paris » scientifique et littéraire. Malheureusement nous n'avons rien conservé de ces colloques amicaux qui avaient lieu autour des machines frigorifiques d'Auteuil et qui certainement, dirigés par notre aimable inventeur, ne devaient pas subir l'influence du froid latent.

Une grande différence, certes, existait déjà entre les deux génies qui jetèrent un si beau lustre sur notre pays : la gloire dès cette époque n'arrêta pas de combler Pasteur; les distinctions les plus enviables, les hommages les plus mérités et les plus flatteurs ne cessèrent pas de le saluer;

(1) E. Cesari, *Hygiène de la viande et du lait*, 10 avril 1907.

tandis que Tellier ne connaissait encore que l'indifférence et l'hostilité, l'abandon et les privations, voire même, chose incroyable, la prison.

Nous serions toutefois portés à croire que le succès de l'un, qui fut aussi modeste que génial, dut encourager le labeur inlassable de l'autre, et que Pasteur devait consoler son ami, dont il partageait les croyances et la générosité, en lui racontant la désespérance de ses débuts. On se souvient que, dans le laboratoire de Claude Bernard, au sortir d'une séance orageuse de l'Académie de médecine, Pasteur s'écria : « Ils n'ont eu pour moi que railleries! » Mais aucun revers, chez l'un ni chez l'autre, n'a pu altérer la sérénité ni la foi dans l'avenir.

La période la plus active de sa vie fut, sans nul doute, celle qu'il consacra au problème de la conservation de la viande par le froid. L'apogée en fut l'acquisition du fameux bateau « Le Frigorifique » qui, en 1876, transporta en Amérique une cargaison de bœufs, moutons et volailles et dont nous décrirons le voyage avec force détails.

Là encore, nous serons contraints d'admirer le caractère de cet homme qu'un immense succès ne sut enorgueillir et qui ne s'arrêta jamais dans la réalisation de ses recherches scientifiques.

Sans cesse aux prises avec des difficultés financières, il dut changer maintes fois de domicile et transporter ses ateliers d'une rive à l'autre de la Seine. Il est même malaisé de le suivre en ces changements incessants, que les circonstances lui imposaient (1). Ils sont une nouvelle preuve de sa ténacité inlassable. Tellier voulait aboutir et il ne se laissa rebuter par aucune difficulté matérielle.

En 1889, Tellier épousa Louise-Augustine-Amélie Rossignol, née à Cherbourg en 1857. Comme les parents de l'inventeur, décédés quelques années avant elle, Madame Tellier repose aujourd'hui dans le caveau familial de Passy.

En 1891, Charles Tellier eut un fils, auquel il donna son nom.

Il le confia quelques années plus tard à l'école paroissiale d'Auteuil, puis à l'École Jean-Baptiste-Say, où il fit d'excellentes études scientifiques.

(1) Vers 1890, il était au n° 20 de la rue Félicien-David. En 1898, ses ateliers étaient transférés rue de la Convention, puis avenue Félix-Faure, rue Molitor (n° 12) et rue Saint-Charles. Il avait installé un bureau dans la rue même qu'il habita jusqu'à la fin de sa vie : la rue d'Auteuil.

Il fut d'abord au n° 52, puis au n° 28, puis de 1903 à 1908 au n° 11, puis au n° 74 et enfin au n° 75. Il avait habité également quelques mois rue des Perchamps et rue Lafontaine (n° 88).

Quel fut donc le ressort intime de ce noble caractère?

Nous croyons le trouver dans l'enthousiasme religieux qui éclate brusquement au milieu de ses écrits et qui révèle une foi solide à toute épreuve.

Ce n'est plus seulement la foi à la science, la foi au progrès, la confiance dans l'avenir, que nous avons déjà signalée, mais la foi chrétienne qui se fonde sur l'existence d'un Être suprême, Intelligence souveraine, qui a fait tout ce que nous admirons autour de nous et qui dirige harmonieusement les êtres innombrables qui peuplent l'univers.

Tellier n'a jamais fait étalage de sa science, c'était un modeste. Il ne l'a pas fait davantage de sa foi, c'était un chrétien sincère. Mais la foi, quand elle est vraie et quand ses racines sont puissantes, a besoin de se manifester. Un homme indépendant, qui a le respectueux courage de ses idées personnelles, l'a également de ses croyances.

Tellier, sans doute, n'aurait jamais écrit un ouvrage religieux — c'était avant tout un homme de science —, mais il n'était pas capable de cacher ses convictions intimes.

Une admirable synthèse de l'action microbienne occupe le chapitre XIX du *Frigorifique* :

« Dans l'ensemble de la création, dit-il, il y avait une nécessité à remplir, c'était de rendre, à l'immensité, les matériaux ayant servi », c'est-à-dire les organismes morts et les détritus de toutes sortes. « La terre, en un mot, au lieu du spectacle enchanteur, par elle présenté à nos âmes, serait devenue un véritable charnier », encombré de cadavres.

« *Le Créateur, dans le livre duquel, malgré nos prétentions à la science, nous épelons à peine, le Créateur, dis-je, vers lequel il faut bien finalement remonter, avait prévu toutes ces choses.*

« Aussi l'équilibre terrestre fut-il établi, par sa volonté, sous cette loi immuable : que la mort devait avoir autant d'ampleur que la vie.

« Et pour que la première pût exercer ses droits, sans que la nature cessât d'être riante, d'offrir à nos yeux, à nos sens, les splendeurs que nous y rencontrons, de multiples classes d'êtres furent créées, s'enchaînant les unes les autres, de manière à faire disparaître la matière organique dès que la vitalité n'existait plus. Faire, en un mot, comme je viens de le dire, que la somme de mort fût égale à celle de vie. »

« Ce cycle, que de tout temps l'homme a connu, commence aux grands carnassiers et semble finir aux plantes et aux insectes. « Mais l'action de tous ces travailleurs ne suffirait pas à rendre à la nature les éléments aussi simplifiés qu'il le faut pour qu'ils puissent se prêter à de nouvelles reconstitutions. C'est alors qu'apparaissent les microbes venant exercer une action complémentaire, permanente de réduction... C'est l'œuvre éternelle d'entretien de la vie (1). »

Dans un ouvrage récent, M. P.-G. Charpentier vient de définir nettement cette mission des infiniment petits :

« Les microbes, dit-il, jouent un si grand rôle en agriculture que, sans eux, le cultivateur ne ferait rien qui vaille ; bien plus, si des légions de microbes très actifs ne peuplaient pas le sol, les êtres vivants disparaîtraient rapidement de la surface du globe (2). »

Les plantes se nourissent, en effet, d'azote et de carbone. Elles puisent presque toujours l'azote dans les nitrates et le carbone dans l'acide carbonique de l'atmosphère. Après leur mort, « ces deux éléments fixés dans des combinaisons organiques ne peuvent, tels quels, nourrir des végétaux ». Si, d'autre part, les plantes continuaient à retirer de la circulation l'azote et le

(1) *Le Frigorifique*, p. 123.
(2) *Les microbes*, 1927, Paris, Edition Rieder, p. 31.

carbone sans jamais le remplacer, la vie leur deviendrait impossible, car les réserves de notre monde sont limitées.

Ce sont les microbes qui permettent à l'azote et au carbone de faire retour à la nature : ils les transforment, en effet, en combinaisons minérales que les végétaux peuvent s'assimiler. Ainsi, l'azote des matières organiques devient de l'ammoniaque, l'ammoniaque oxydé par les ferments nitreux devient de l'acide nitreux, et enfin les ferments nitriques fixant de l'oxygène sur l'acide nitreux changent celui-ci en acide nitrique.

Comment parler des microbes sans citer encore Pasteur, qui eut la gloire, non de découvrir leur existence, connue depuis deux siècles, mais de révéler le rôle immense qu'ils jouent dans le monde et de montrer à quel point ils peuvent nous nuire ou nous servir?

Résumant alors l'œuvre admirable de son contemporain et savant ami, Tellier ne peut s'empêcher d'unir son nom à celui de Dieu :

« *Pasteur*, écrit-il, *est le grand bienfaiteur de l'humanité. Il a été en même temps un grand philosophe, un homme vraiment pénétré de l'œuvre divine.* »

Tellier démontre clairement que les ouvriers actifs qui transforment en alcool tout le sucre du raisin sont les ferments microscopiques qui se déposent sur sa peau. Aucune fermentation ne se produit dans la pulpe soigneusement extraite de la peau, tandis qu'une seule goutte de l'eau stérilisée ayant lavé cette peau suffira pour amorcer l'activité fermentescible.

« Par quel miracle ce ferment s'est-il là justement fixé?

« Nous ne le savons pas. C'est le secret de Dieu.....

« Ainsi se trouve démontrée la prévoyance divine, attachée à chaque chose de la création. »

Il s'aperçut un jour que presque inconsciemment son enthousiasme religieux s'était manifesté à plusieurs reprises.

Il ne s'en excuse pas, mais il croit devoir donner au lecteur une explication. Cette note, rejetée simplement en fin de page, constitue un des plus beaux passages de son autobiographie.

Nous devons la citer entièrement :

« *On pourra être surpris que*, dit-il, *dans une histoire aussi profane, le nom de Dieu revienne aisément sous ma plume* (1).

Il y a à cela deux raisons : l'une atavique, l'autre personnelle.

(1) *Le Frigorifique*, p. 285, note.

« La première a trait à ceci : vers l'an 800, j'ai eu des Saintes dans ma famille (Bibliothèque nationale). La première croisade fut commandée, avec le frère de Philippe Ier, roi de France, par un de mes ancêtres, le Comte d'Ostrevant. Ce sont ses hauts faits qui, d'après Michaud, historien des croisades, ont inspiré Le Tasse dans la *Jérusalem Délivrée*. La lignée est restée fidèle aux sentiments chrétiens, j'en suis l'écho (1).

« La seconde est que, si je n'ai pas guerroyé comme le firent mes ancêtres, je n'ai pas moins constamment lutté pour le progrès. Cette lutte m'a mis en contact permanent avec la science. Or, aidé d'elle, j'ai toujours constaté *l'admirable prévoyance qui a procédé à toutes choses de la Création.*

« *Le théisme n'est pas du reste le privilège de quelques-uns. Sur toute la terre on trouve sa présence. Les sauvages ont leurs manitous; les Mahométans, Allah; les Chinois, Bouddha; les Juifs, Jéhova; les esprits forts, l'Être suprême; les Francs-Maçons, le grand Architecte de l'Univers; etc., etc.*

(1) On sait que ses propres parents laissèrent à Condé-sur-Noireau et à Paris la réputation d'excellents catholiques. Sa mère, Flore-Charlotte Prot, née à Tonnerre en 1798, avait fait don à l'église de Condé d'une statue de la sainte Vierge, qu'on peut encore y vénérer.

« *Bref, partout la foi s'affiche et monte vers la Divinité, comme une émanation innée et permanente des âmes.*

« Pour ma part, je crois au Dieu des chrétiens.

« *D'une part, je l'ai dit, j'ai été élevé dans cette croyance.*

« *D'une autre*, plus je suis entré dans le domaine de la science, et plus j'ai vu la grandeur de Dieu, l'immensité de son admirable prévoyance. *Prévoyance se rencontrant aussi bien dans les splendeurs astrales que dans les merveilles minuscules de l'immense monde microbien.* »

Aussi en l'une des circonstances les plus solennelles de sa vie, au célèbre banquet de 1913, quelques semaines avant sa mort, Tellier ne craignait pas d'affirmer que Dieu tient une place prépondérante dans la vie du savant.

Par un effort merveilleux d'énergie pour son grand âge, il arriva à surmonter l'émotion qui l'étreignait en ce jour de triomphe et à raffermir suffisamment sa voix, pour prononcer ces paroles dignes de son grand esprit de foi :

« *L'inventeur agit sous deux influences :*

L'intuition divine, *qui fait surgir à ses yeux la lumière, le fascine, le fait étudier.*

« *Le travail, œuvre de l'homme alors, qui cherche à faire comprendre la vérité apparue, de manière à en tirer toutes conséquences possibles* (1). »

Cette croyance honore splendidement un homme qui n'a jamais reculé devant l'effort et qui a consacré au service de la science et de la société toutes ses facultés et sa vie tout entière.

(1) *A la gloire de Charles Tellier*, p. 65.

II

ACTIVITÉ INTELLECTUELLE

II

ACTIVITÉ INTELLECTUELLE

Il y a trois genres d'inventeurs : ceux qui arrivent trop tard, ceux qui arrivent à point, et ceux qui arrivent trop tôt.

On dit que l'illustre Lagrange, géomètre et mathématicien, se plaignait amèrement d'être venu trop tard et de n'avoir pas eu un monde à expliquer.

Par contre, Newton, l'un des plus grands et des plus heureux savants qui aient jamais existé, a paru au moment précis où la science avait besoin de lui. Charles Tellier, lui, est arrivé trop tôt. C'est une gloire, je le veux bien, et une gloire qui caractérise la supériorité et la profondeur de son intelligence, la puissance de travail et de méditation dont il était doué; mais c'est aussi, hélas! une cause d'insuccès.

Le génie, en effet, ne suffit pas pour réaliser

de grandes découvertes, il faut encore un heureux concours de circonstances qui lui permettent de se donner libre carrière et de compléter, en arrivant à propos, l'œuvre dont les siècles ont posé les fondements.

Le lecteur de ces pages s'étonnera sans doute du nombre considérable d'inventions et de projets conçus par Charles Tellier, mais aussi des difficultés, des défiances et des objections qu'il trouva à chaque pas sur sa route. N'est-ce pas l'histoire de tous les précurseurs? Pourquoi notre savant aurait-il été exempt de cette loi de psychologie maintes fois constatée, à savoir que les idées nouvelles ne se réalisent que lentement, qu'il leur faut quelquefois vingt ans, cinquante ans, parfois un siècle, pour entrer dans le domaine pratique et être acceptées par l'esprit humain?

Notre savant en révéla lui-même la cause profonde quand il dit : « *La pensée a besoin, pour se produire, d'une période d'incubation, à laquelle rien ne se soustrait ici-bas* (1). »

En 1852, Tellier eut la pensée d'établir *un compteur pour les voitures de places.*

Il eut le tort — si l'on peut dire — d'arriver

(1) *L'impôt unique et ses conséquences*, 1868. Introduction.

un demi-siècle trop tôt, puisque le taximètre ne fit son apparition en France qu'en 1904.

Après avoir examiné son projet, le Directeur de la Compagnie des petites voitures lui dit : « J'ai beaucoup réfléchi à votre affaire. Elle est très bonne en principe, mais ils sont trois mille contre nous. Ils s'uniront pour détruire ou perturber les appareils. Rien à faire à cause de cela. Nous sommes seuls pour lutter, c'est trop peu (1). »

En 1855, Charles Tellier commença ses travaux sur l'ammoniaque. Dès le début de sa carrière, nous le voyons occupé à étudier les propriétés très diverses et peu utilisées de ce corps. Il écrivit lui-même : « Toute ma vie, j'avais eu un faible pour l'ammoniaque (2). »

Une première fois (1864) il fait construire un bateau sans hélices, espérant le faire fonctionner par l'action de l'ammoniaque sur l'air. Malheureusement il tombe malade et, dans une tempête, le bateau coule en Marne et est détruit. Ses moyens ne lui permettent pas de le reconstruire.

Il poursuit pendant plusieurs années cette idée de « l'ammoniaque force motrice », et il en

(1) *Le Frigorifique.*
(2) *Le Frigorifique*, p. 7.

cherche l'application pour les transports par routes et par voie ferrée.

Son premier ouvrage : *L'ammoniaque dans l'industrie*, est en quelque sorte le résumé de ses travaux de dix années (1855-1865). Il le publia en 1866. Comme la plupart de ses œuvres, il est introuvable en librairie.

Tellier donne, en un premier chapitre, les « notions générales de l'ammoniaque ». Il décrit sa nature et sa composition, sa liquéfaction, ses propriétés à l'état gazeux, sa solubilité dans l'eau, sa production et son extraction, ses altérations, ses falsifications et enfin sa formule atomique.

Innombrables sont les applications que le jeune savant entrevoit déjà dans l'utilisation de ce corps : il s'étend longuement sur la force motrice, qui paraît être alors sa première préoccupation. Il l'étudie non seulement dans la traction mécanique sur voies ordinaires ou sur voies ferrées et dans la navigation fluviale, mais encore en vue d'actionner les pétrins mécaniques, les grues et les pompes.

Pour remédier à l'usure des chaussées, que les « voitures à vapeur d'ammoniaque » et... les autres détruiront de plus en plus rapidement par l'intensité de leur circulation, Tellier fait une proposition tout à fait originale pour l'époque et qui n'a aucun rapport avec l'ammoniaque : c'est le *macadam imperméable* (1).

Le sable, dit-il, serait préférable aux « cailloux plus ou moins brisés, plus ou moins enchevêtrés ». Avec lui nos routes seraient mieux « ferrées ». Mais comment fixer ce sable, que la moindre pluie peut entraîner sur les côtés? Il rapporte alors cette observation personnelle, qui doit être placée à l'origine du goudronnage des routes, invention qui a fait fortune depuis l'apparition de l'automobile.

« Habitant pendant longtemps un de nos ports, j'ai pu fréquemment remarquer des traces de goudron épanché sur le sol. Quel que fût le temps, le sable s'était agglutiné, l'eau glissait sur lui, et malgré la circulation, la tache restait intacte, plus résistante que les parties voisines restées à l'état normal.....

« Profitant de cette observation, je propose de transformer le fait isolé en généralité, de former nos rues par des couches successives de sable et de goudron..... Ce projet paraîtra peut-être bizarre..... »

Aujourd'hui, ce projet, loin de paraître bizarre, est devenu une réalité, et il n'est guère de pays

(1) *L'ammoniaque dans l'industrie*, 1866, Paris, Eugène Lacroix, pp. 157 à 161.

civilisé qui n'emploie le goudron pour ses chaussées ou ses trottoirs.

Tellier énumère ensuite les avantages du goudronnage, et il termine ce chapitre par ces mots : « En ce qui concerne l'ammoniaque, il [le goudronnage] présentera d'excellents sols de roulement,..... enfin il tend à supprimer la boue, ce qui n'est pas peu dire, dans notre moderne Paris. »

Une autre application de l'ammoniaque est la production du vide.

Dès 1855, Tellier s'était occupé de cette question. La Ville de Paris avait repoussé son projet de « dessication artificielle des vidanges ». Cela ne l'empêche pas de l'exposer dans son livre sous tous ses aspects : vidanges des fosses et des égouts, élévation des vases et des eaux, tubes pneumatiques.

Remarquons qu'alors on ne rêvait qu'au tout à l'égout. Plus tard, frappées de l'empoisonnement de la Seine, unique exutoire, les autorités revinrent à l'épandage.

Quant au transport de la force motrice à domicile au moyen de l'air comprimé, une douce hilarité avait accueilli l'idée du savant.

« Comment, s'écriait-on, avoir l'idée d'établir sous notre sol, dans nos rues, des tubes avec de l'air en pression? Un danger permanent serait ainsi créé! (1) »

Le projet fut repris vingt-cinq ans plus tard par M. Popp, et l'on sait que l'air comprimé s'implanta dans le sous-sol parisien. La dédaigneuse hilarité de l'Administration s'était changée en bienveillance.

Presque toutes les autres applications exposées dans *L'ammoniaque dans l'industrie* découlent des propriétés frigorifiques de ce corps. Comme nous devons consacrer à celles-ci un chapitre spécial, qu'il nous suffise ici de les énumérer :

Aération des salles de théâtre, édifices publics et particuliers,

Refroidissement de la bière et des brasseries,

Fabrication de la glace et du froid,

Fabrication du chocolat, du sel marin, du marbre moulé, etc...

En 1867, Tellier écrivit deux petits ouvrages — l'un concerne uniquement la fabrication de la glace (2) — le deuxième, l'application de l'ammoniaque à la création de chemins de fer départementaux (3).

(1) *Le Frigorifique*, p. 5.

(2) *Production de la glace à domicile*, 1867.

(3) *Les chemins de fer départementaux ou d'intérêt local à bon marché*. 1867, Paris, Eugène Delacroix.

Il avait déjà traité ces deux sujets dans son ouvrage sur l'ammoniaque. Il juge utile de les développer. Sa brochure sur les chemins de fer d'intérêt local est particulièrement savoureuse.

Pour éviter les nombreux inconvénients de la vapeur d'eau des locomotives, il propose la vapeur d'ammoniaque, qui se maintient gazeuse à la pression et à la température ordinaire. Sa condensation est impossible, puisqu'il lui faut 35 degrés au-dessous de zéro pour se liquéfier. En outre, l'ammoniaque se dissolvant dans l'eau froide à raison de 727 fois le volume d'eau, presque tout le gaz utilisé peut être récupéré et retourné à l'usine pour être extrait de sa solution.

De fait, il n'y avait plus de feu, plus de fumée, plus de vapeur et plus de bruit, on disposait d'une force motrice toujours vive, instantanée, et pouvant être dirigée par un seul homme.

Nous ne dirons rien des calculs faits par le savant pour établir les prix avantageux de son invention ni même les nombreux avantages qu'il lui attribuait, car aujourd'hui les tramways électriques, les autobus et autocars ont remplacé presque toutes les locomotives fonctionnant à vapeur d'eau et qui desservaient, à la fin du siècle dernier, les petites localités de nos départements.

Avec le problème du froid, qui est, à cette époque, le premier objet de ses patientes recherches, Tellier aborde des terrains très divers. En 1869, il publie une brochure intitulée *Chauffage des vins et refroidissement des bières*.

Ce titre paraît être une antithèse, il est cependant tout à fait exact : l'appareil que Tellier y décrit, employé différemment, peut fournir ce double résultat : apporter la chaleur ou la fraîcheur selon qu'on y fait circuler de l'eau chaude ou de l'eau froide.

A cette époque, l'industrie s'était empressée d'appliquer le principe du chauffage des vins. Pasteur préconisait la température de 50°.

Tellier estime que les procédés employés jusqu'alors sont incomplets, puisqu'en voulant détruire les germes microscopiques, on provoque un nouvel ensemencement. Le vin, en effet, est expulsé des fûts en vue de son traitement par la chaleur, puis y est de nouveau introduit. On le met donc en contact avec l'atmosphère et il retrouve sur les parois internes des fûts des mycodermes capables de s'y développer.

Mieux vaut, dit Tellier, chauffer le vin dans sa propre barrique : ni l'air ni les parois des fûts ne pourront ainsi le corrompre.

Il propose pour cela un serpentin spécial en

cuivre, soigneusement étamé. Ce serpentin est établi sur un pas hélicoïdal et pénètre ainsi aisément par la bonde de la barrique. Un second serpentin de plus petit diamètre est placé à l'intérieur du premier, qui est fermé à sa partie inférieure. Ce second serpentin est ouvert. La vapeur d'eau que l'on introduira dans le serpentin extérieur cédera son calorique au vin, et le produit de sa condensation sera évacué par le serpentin intérieur.

Cet appareil fort simple peut donc servir à chauffer une cuvée pour en activer la fermentation tout comme à la refroidir, s'il est utile.

C'est ce dernier procédé que l'auteur propose pour le refroidissement des bières. On fera parcourir le serpentin par un courant d'eau froide provenant de glace pilée ou, à son défaut, d'un puits. On trouve fréquemment des puits dont l'eau est à 9°, 10° ou 11°.

La guerre de 1870 éclate.

Tellier n'était pas homme à ne rien faire. Il avait composé un ouvrage en prison, il en fit un autre pendant cette seconde prison que fut le siège de Paris. Son volume *Conservation de la viande et des denrées alimentaires*, le premier publié sur la question, parut en 1871.

Reprenant une idée personnelle qui, en 1868,

l'avait conduit à publier une brochure sur *L'impôt unique*, il rédigea un travail plus complet sur ce sujet, plusieurs brochures et plusieurs articles. Il proposait de remplacer tous les impôts existant par une taxe unique devant toucher toutes les branches de la consommation. Elle devait s'appliquer à « *toutes les factures, négociations, transactions, quelle qu'en soit la nature* ». N'était-ce pas une combinaison habile que les timbres mobiles, l'impôt sur le revenu et la taxe sur le chiffre d'affaires ont peu à peu réalisée? Théoriquement c'était parfait, mais dans la pratique les choses semblent autrement compliquées. Supprimer les emprunts, simplifier les rouages administratifs, tout cela est louable, mais combien difficile! « *Un État riche, puissant*, disait-il, *doit trouver dans ses ressources de quoi équilibrer ses dépenses.* » S'il a des dettes, il doit les amortir. Or, avec une insouciance bien coupable, les États modernes font au contraire de nouveaux emprunts pour payer les intérêts des précédents, et quand ils sont couverts de dettes, ils augmentent encore leurs dépenses au lieu de les réduire. Depuis Tellier, hélas! le mal n'a fait qu'empirer, et l'imprudence des États en a conduit plus d'un à la faillite ou peu s'en faut.

Parallèlement à ces travaux d'ordre économique, notre inventeur s'intéressa directement à la défense nationale. Il conçut un *ballon dirigeable* destiné à porter cent personnes hors Paris et à y rentrer, puis un *sous-marin*, dont les projets n'ont pas été publiés.

De 1861 à 1868, Tellier avait déjà présenté à l'Académie des Sciences six mémoires originaux ayant tous pour objet la production du froid (1).

Après la guerre de 1870, une nouvelle série de notes présentées à la même Académie nous permet de le suivre dans ses travaux. Période intensive d'activité intellectuelle. La fabrication de la glace et la conservation de la viande sont au premier plan de ses préoccupations. Il publie encore plusieurs ouvrages sur le froid, puis semble diriger ses recherches dans le domaine de la force motrice.

Ces travaux occuperont à leur tour le premier plan durant les trente dernières années de sa vie.

Il fit remarquer avec raison que la production de la force motrice thermique et celle du froid étaient toutes deux le résultat de manifestations caloriques ou, pour mieux dire, d'absorption de chaleur (2).

(1) Voir Appendice III.
(2) *Étude sur la thermo-dynamique.*

Elles sont donc étroitement liées, et l'on comprend aisément pour quelles raisons notre savant, après avoir solutionné le problème du froid, s'appliqua à celui de la force motrice.

En 1883, il étudia le *moteur à gaz pauvre*. Deux ans plus tard il contruisit le premier moteur de ce genre, avec une force de cent chevaux. Aujourd'hui, ce moteur a fait le tour du monde, et il tient une place honorable dans l'industrie.

Tellier fit aussi construire une *locomobile* de quinze chevaux à échappement libre, ne coûtant, disait-il, que le graissage des organes et animant une dynamo qui fournissait la lumière électrique.

C'est en 1884 qu'il publie, en un fort volume, le résultat de ses travaux.

Son « Étude sur la thermo-dynamique appliquée à la production de la force motrice et du froid » fait encore autorité.

Il y décrit longuement les *Cylindres moteurs isothermiques avec chaînes*, puis un « *Moteur indépendant* destiné à traîner n'importe quelle sorte de voiture; en un mot, propre à remplacer le cheval. » Nous connaissons ces véhicules qui remplacent les chevaux : ils se nomment aujourd'hui... automobiles. Tellier appelait les siens « *tracteurs* » et les attelait à un coupé.

Ce mot de tracteur a été repris depuis et tout aussi bien appliqué.

En 1885 et en 1886 Tellier publia deux brochures relatives au *Chemin de fer Métropolitain*. Nombre de projets avaient été successivement présentés ; il proposa le sien, qui, certes, ne manque pas d'originalité.

Il s'agissait de construire un long viaduc établi dans l'axe de la Seine et traversant tout Paris. Il aurait été élevé à six mètres au-dessus des ponts, avec une quadruple voie ferrée, reposant, de 75 mètres en 75 mètres environ, sur deux ou trois piliers. Il faisait valoir de nombreux avantages de construction et d'exploitation que ne pouvaient offrir les projets de lignes souterraines ou aériennes, qui s'inspiraient des chemins de fer de Londres, Berlin et New-York. Trois années, selon lui, auraient suffi à l'établissement de cette grande ligne, mise en correspondance avec toutes les lignes de tramways et d'omnibus, et Paris aurait donc pu s'en servir pour l'Exposition de 1889.

Nous savons que notre Métropolitain actuel n'a été exploité que onze ans plus tard et que, en dépit de ses merveilleux résultats, il n'a pu offrir certaines facilités contenues dans le dit projet :

Que d'une part tous les trains de province, grâce à des raccordements, auraient traversé la capitale, permettant la création de trains directs Calais-Marseille, Lille-Bordeaux, etc...

Que d'autre part les agréments du voyage auraient été incomparables : « Le voyage sur la Seine, disait-il, se fera dans la plus belle traversée possible de Paris. Le public, tout en voyageant vite, économiquement, trouvera, avec les conditions de salubrité, de pureté d'air les plus désirables, le panorama le plus varié qu'il puisse désirer (1). »

Une dernière fois nous le voyons s'intéresser aux constructions navales et imaginer un projet des plus originaux. Il emploie lui-même le terme d' « *îles flottantes* », exigeant 5 à 600.000 chevaux-vapeur et composées de longs cylindres métalliques de 10 à 15 mètres de diamètre.

N'a-t-on pas construit ces temps derniers de ces immenses flotteurs en faveur de l'aviation et de la réparation des navires?

Les journaux ont annoncé, en mai 1927, le projet dû à un ingénieur français, M. Decasse, de créer sur l'océan des relais pour avions, constitués par des « îles flottantes ». Le mois suivant

(1) *Le véritable Métropolitain.* In-8° de 54 p., Paris, 1885.

nous apprenions qu'un américain, M. Edward Armstrong, avait conçu un projet analogue, qui devait entrer dans la voie de la réalisation grâce à l'enthousiasme soulevé par les récents raids transatlantiques.

La première île flottante fut mise en construction au mois d'août, solidement ancrée dans l'océan à 880 kilomètres à l'est de New-York. Comme le demandait Tellier il y a plus de 40 ans, la plate-forme supérieure est surélevée de manière à permettre aux vagues de passer en-dessous sans rompre son équilibre. Elle offre donc aux avions une excellente surface d'atterrissage. Cette île flottante a 365 mètres de longueur, 120 mètres de largeur et 100 mètres de hauteur. Les relais suivants seront établis ensuite tous les 650 kilomètres environ à travers l'Atlantique.

Utiliser les rayons solaires fut une autre de ses ambitions. Archimède a bien employé ce moyen contre les flottes romaines pour la défense de Syracuse 212 ans avant l'ère chrétienne. Pourquoi ne pas transformer en agents producteurs de force les vastes surfaces, tels que les toits, qui reçoivent du soleil un nombre considérable de calories? En mars 1889, Tellier réussit à élever par ce moyen, à 10 mètres, 3.000 litres d'eau à l'heure.

Voici en quels termes le *Figaro* précisa le fait :

« Une expérience très curieuse a été faite hier 23 mars à Auteuil chez M. Charles Tellier, rue Félicien-David.

Un appareil puisant l'eau dans un puits la faisait jaillir du sol en un courant continu d'environ 3.000 litres par heure ; cet appareil était mû par le soleil, dont la faiblesse était cependant assez grande pendant cette journée.

« Il y a là une découverte considérable (1). »

C'était encore une application des propriétés de l'ammoniaque, mis en mouvement par la chaleur que recevaient des châssis vitrés.

Le soleil était donc « exploité gratuitement », selon sa propre expression. « Son action était domestiquée. »

Malgré ce réel succès, Tellier reconnut que nos climats tempérés étaient peu propres à semblable installation. Les pays chauds, où le soleil frappe presque tout le jour des terrasses innombrables, sont tout indiqués pour cette exploitation calorifique.

Notre savant rêva d'établir un chemin de fer transafricain mû par la chaleur solaire. Des essais eurent lieu au Cap et dans d'autres régions

(1) N° du 24 mars 1889.

du même continent. L'industrie moderne toutefois ne s'est pas encore emparée de l'invention. Pourquoi l'idée de Tellier n'aurait-elle pas un jour le même succès que celle des îles flottantes?

Enfin nous devons mentionner parmi ses derniers travaux, qui furent des applications plus ou moins lointaines de ses remarquables découvertes, une idée géniale qui, elle aussi, prendra peut-être corps dans l'avenir.

Il s'intéressa à la *fabrication du diamant*, non pas à la manière de Henri Moissan (1852-1907) qui obtint la cristallisation du carbone au moyen de fours électriques, mais par dissolution. L'acide carbonique liquide serait le corps dissolvant et opérerait comme l'acide sulfurique anhydre qui dissout son radical le soufre, à raison de 20 o/o environ de son poids.

A la méthode ignée, employée jusqu'à présent dans la fabrication du diamant artificiel, Tellier voulait donc substituer un nouveau moyen, qu'il qualifiait de « dissoluteur ».

« Bien entendu, écrit-il, nous ne sommes pas ici en présence d'un fait accompli. Simplement devant une possibilité d'action, laquelle, en raison de ses conséquences économiques, mérite d'être étudiée et suivie (1). »

(1) *Le Frigorifique*, p. 410.

Avant même d'aborder le grand problème de la conservation par le froid qui, sans nul doute, absorba la plus grande partie de l'activité de Tellier, le lecteur n'a-t-il pas déjà l'impression d'être en présence d'une intelligence remarquable, ouverte aux sujets les plus divers et douée d'une puissance très rare de concentration?

Il fallait à ce génial cerveau une organisation toute particulière pour pouvoir explorer les régions les plus inaccessibles de la science dans leur étendue et dans leurs mystérieuses profondeurs.

III

LE PROBLÈME DE LA CONSERVATION PAR LE FROID

III

LE PROBLÈME DE LA CONSERVATION PAR LE FROID

A l'époque quaternaire il y avait sur le globe terrestre une énorme quantité de glaciers. Ceux qui recouvraient les régions polaires occupaient une superficie beaucoup plus grande qu'aujourd'hui.

Depuis un certain nombre d'années les explorateurs remarquent que les glaces polaires reculent et que maintes calottes glaciaires sont les restes des glaciers formidables d'autrefois.

Nous avons donc conservé des « glaciers fossiles » qui ne se sont nullement modifiés depuis les temps les plus reculés. Ils se sont ensevelis sous une couche de limon dans laquelle croissent des mousses, des lichens, des plantes herbacées et même des saules nains. Ces glaciers fossiles conservent en eux-mêmes des animaux préhistoriques. Dans les îles de la Nouvelle Sibérie, un commerce important d'ivoire se fait encore, grâce aux restes des mammouths conservés depuis des milliers d'années.

Milne Edwards raconte qu'en 1799 un pêcheur tongouse remarqua sur les bords de la mer glaciale, au milieu des glaçons, un bloc énorme qu'il ne put reconnaître. Chaque année la masse fut un peu plus dégagée, et la cinquième année le monstrueux animal vint échouer. Il en fit un dessin grossier, enleva les défenses et les vendit pour une valeur de 50 roubles. Les Jakoutes du voisinage en dépecèrent les chairs pour nourrir leurs chiens. Des bêtes féroces vinrent aussi s'en repaître.

Deux ans après, lorsque le naturaliste Adam se rendit sur les lieux, l'animal, quoique fort mutilé, conservait encore des débris de chair. Sa peau était couverte de crins noirs ayant jusqu'à 15 pouces de long, et d'une espèce de laine rougeâtre si abondante, qu'elle ne put être transporté que difficilement par dix hommes.

On connaît encore d'autres exemples de mammouths conservés dans les glaces, dont les chairs n'étaient pas corrompues et dont les poils adhéraient à la peau. Cette espèce d'éléphants a cependant disparu de notre globe depuis les dernières révolutions qui en ont bouleversé la surface.

Mais comme cette révélation du passé s'effectue dans les contrées hyperboréennes, ce sont les loups, les chiens, parfois les Esquimaux, qui profitent de l'aubaine et se partagent à bon marché de la viande congelée, lorsque les mammouths surgissent de leur sépulcre de glace.

N'est-il pas juste de dire, par conséquent, que les montagnes glacées des pôles nous ont enseigné le principe de la conservation de la matière organique par le froid?

Ce principe est même appliqué méthodiquement en Russie. Les habitants de certaines régions laissent la viande et les poissons exposés à l'air afin de les solidifier. Pendant tout l'hiver ils disposent ainsi de provisions dont ils détaillent, hache en mains, les morceaux désirés.

Les Australiens, d'autre part, ont essayé d'expédier de la viande fraîche dans la glace. Mais cet essai a déplorablement échoué, la glace s'étant fondue pendant la traversée, alors que le navire passait les tropiques.

Premier procédé

A partir de 1685 on fit des expériences de laboratoire en vue de produire le froid d'une façon artificielle. Le sel ammoniac, la machine pneumatique, l'acide sulfurique, l'éther, furent successivement employés pour arriver à ce résultat. De nos jours on se sert encore du procédé des « mélanges réfrigérants » pour fabriquer des sorbets ou glaces comestibles et dans le travail des laboratoires. Il suffit de piler de la glace et d'y mélanger du sel marin, par exemple, pour obtenir la température de 20° au-dessous de zéro.

Ce procédé chimique, fondé sur la solubilité de certains corps et que Tellier a toujours jugé peu pratique, a été remplacé par un procédé mécanique. Non seulement on n'enferme plus les objets à refroidir dans un bloc de glace, mais on ne se sert même plus de glace pilée.

Deuxième procédé

Avec le concours d'un moteur on comprime de l'air dans une machine. La chaleur qui se dégage par cette compression est absorbée par un courant d'eau.

Quand on fera détendre cet air comprimé, il lui faudra retrouver le calorique d'élasticité qui lui a été soutrait. Ne pouvant le prendre aux corps environnants, puisqu'on isole l'appareil, l'air le prendra forcément à sa propre substance, et une action frigorifique se produira.

Ainsi traité, l'air s'abaisse en effet jusqu'à 60° et plus au-dessous de sa température de départ.

Troisième procédé

« La troisième catégorie de machines frigorifiques, dit Tellier, utilise le calorique latent de vaporisation. Le but de l'opération est de former un milieu dans lequel un liquide aisément vaporisable est forcé de se mettre en vapeur. Cette transformation ne peut se faire sans absorption de calorique (1). »

Quel est donc le principe de ce dernier procédé ?

C'est *le passage d'un corps de l'état liquide à l'état gazeux.*

Tout le monde sait qu'en chauffant de l'eau, ce corps se change en vapeur, c'est-à-dire en gaz. La chaleur est donc indispensable pour opérer cette transformation. Mais si l'eau ne reçoit pas de chaleur et que l'air soit sec, l'eau s'évapore au contact de l'air à cause de l'affinité de ces deux substances. L'évaporation exigeant de

(1) *Étude sur la thermo-dynamique.*

la chaleur, ce sont les calories de l'air et de l'eau en présence qui sont absorbés par cette transformation. *D'où dégagement de froid.*

L'eau par conséquent et l'air qui l'environne, cédant de leurs calories, se refroidissent. Ainsi, au mois de mai, par exemple, le thermomètre marquant 5° au-dessus de zéro, on voit quelquefois l'eau se geler la nuit.

Si l'on se sert d'un liquide plus volatil que l'eau, comme l'éther ou le chlorure de méthyle, l'évaporation se fait dès que le liquide entre en contact avec l'air. Entourons d'un tissu léger un récipient plein d'eau. Versons de l'éther sur le tissu, l'évaporation est si rapide que la glace ne tarde pas à se former.

A l'éther sulfurique qui coûte cher, Tellier a substitué l'ammoniaque et l'éther méthylique. Ses appareils sont construits de façon à évaporer l'éther, puis à le faire redevenir liquide, et ainsi de suite. Le même corps sert sans cesse dans ces machines à circulation : il devient gaz par le fait d'être lancé dans des tuyaux qui ont la température de l'atmosphère, puis il refroidit tout ce qui se trouve dans les chambres où ces tuyaux le conduisent, enfin il redevient liquide en passant dans un *condenseur* ou *liquéfacteur*.

Un fait est certain : le froid, qu'il soit produit naturellement par la nature ou par l'évaporation d'un liquide, conserve toutes les denrées périssables, c'est-à-dire tous les corps d'origine animale ou végétale qui, exposés à l'air lorsque la vie les a quittés, sont sujets à la putréfaction.

Il est donc tout naturel de poser la question suivante en vue de rechercher la cause de cette action bienfaisante du froid :

Pourquoi le froid empêche-t-il les organismes morts de se corrompre?

Le lecteur désire savoir en premier lieu ce qu'est précisément la corruption ou putréfaction. Il convient pour cela d'examiner ce qui se passe après la mort des êtres vivants.

Des millions de microbes et de ferments, appelés d'un terme général micro-organismes, se nourrissent des débris des êtres qui ont vécu. Ils sont les agents actifs de la putréfaction, décomposant les cellules et absorbant l'oxygène qui s'y trouve. Les microbes vivent à l'air libre et ont besoin d'air, tandis que les ferments puisent directement dans la matière organique l'oxygène utile à leur développement.

Tellier a admirablement défini la grandiose mission de ces infiniment petits qui, par leur activité, détruisent ou mieux réduisent les éléments ayant servi dans la nature. Nous nous souvenons de la page sublime exaltant l'œuvre créatrice qu'il écrivit à ce sujet (1).

En fait, il nous serait impossible de vivre sans eux, car leur rôle principal, le grand rôle qu'ils jouent dans le monde, est de s'emparer du corps des animaux et des plantes qui meurent et de leur faire subir une transformation qui les fasse complètement disparaître pour faire de la place aux choses vivantes.

Georges Goyau a dit : « Les microbes, en tous domaines, sont apparus comme les grandes puissances : on est en passe de démontrer que ce qu'on réputait n'être rien est bien prêt d'être tout. Nous sommes gouvernés, nourris, tués par le peuple incalculable des infiniment petits. »

Tellier comprit de bonne heure qu'on pouvait mettre obstacle à la décomposition des matières organiques. Il fallait pour cela arrêter le développement des germes. On le pouvait en employant soit le froid, soit la chaleur, puisque à 0° et à 100° la putréfaction n'a pas lieu.

Nous allons voir en quelles circonstances ces deux agents furent utilisés par le savant.

(1) Page 25.

1° Action de la chaleur.

On dit avec raison que « *le feu purifie tout* ». L'action de la chaleur, en effet, empêche la putréfaction que produisent les microbes et les ferments. Elle l'empêche parce qu'elle détruit radicalement tout ce qui vit : microbes et ferments.

Tous les êtres vivants se composent de cellules, toutes les cellules ont pour base les matières albuminoïdes. Or, à partir de 45° ces matières deviennent impropres à la vie, à 55° elles se coagulent, elles sont cuites.

« Nul ne croirait que la Seine, dit Tellier, au point de son parcours où elle reçoit le collecteur, renferme par litre jusqu'à 20 milliards de micro-organismes (1). »

Il faudrait donc d'une part traiter les matières d'excrétion par le feu, d'autre part tuer par la chaleur tous les organismes nocifs qui se trouvent dans l'eau.

L'eau est une ennemie permanente, parce qu'à côté d'un grand nombre de microbes indifférents, elle en contient de très dangereux pour notre santé : le bacille de la fièvre typhoïde, par exemple, et celui du choléra.

(1) *Le Frigorifique*, p. 128.

Tellier, dès 1866, avait prôné le seul remède préventif et efficace : l'ébullition de l'eau, ou mieux, son traitement, en vase clos, par la chaleur. Cette cuisson de l'eau, selon ce second procédé, avait l'avantage de conserver en elle l'air qui lui donne ses propriétés digestives.

En 1881, Tellier précisa sa pensée et proposa un appareil à stériliser les eaux (1).

Il s'agissait d'un cylindre en tôle surmonté d'une soupape pouvant résister à 5 ou 6 atmosphères de pression.

Ce cylindre est rempli d'eau. On élève la température de l'eau à 120° grâce à un courant de vapeur qui traverse un serpentin intérieur.

Tous les germes fermentescibles sont détruits, et l'eau n'a pas perdu les gaz qu'elle contenait en dissolution.

Un échangeur, où circule l'eau de refroidissement à travers des tubes, permet d'utiliser sans délai l'eau stérilisée.

Malgré le concours de la Société française d'hygiène, l'idée ne fit pas son chemin. Même dans le monde médical, la machine à chaleur de Tellier trouva un accueil plus que froid.

Il est assez curieux de chercher le motif pour

(1) *Journal d'hygiène*, 8 septembre 1881.

lequel le public et même les hommes de science étaient réfractaires à cette géniale découverte.

Aujourd'hui il nous fait sourire.

« Cette pensée : voir dans les infiniment petits renfermés dans l'eau la cause de nombreuses maladies, venait en quelque sorte renverser toutes les données acquises. Elle était trop neuve (1). »

Tellier n'en continua pas moins sa campagne. En 1901, il écrivait encore sur ce sujet un petit volume intitulé : *La vie allongée sous tous les climats*.

2° Action du froid.

Le froid ne détruit pas la vie, mais seulement il la paralyse. L'expérience a permis d'établir cette loi générale aussi péremptoirement que la précédente.

Donnons quelques exemples :

On sait que des grains de blé trouvés dans le cercueil de certaines momies ont végété et produit quand on les a rendus à la terre. Il leur manquait deux choses qui leur furent restituées : la chaleur et l'humidité. La vie de ces graines, paralysée pendant de nombreux siècles, s'est en quelque sorte réveillée.

(1) *Le Frigorifique*, p. 133.

En 1872, Tellier présenta à la Société d'Horticulture des jonquilles, plantes de printemps, fleuries en septembre. Il les avait simplement réfrigérées.

A la même époque il préserva de la germination des pommes de terre pendant une année. Il est donc « aussi facile de retarder la végétation dans les plantes que de l'activer comme on le fait dans les serres ».

Depuis on a pu porter à 200° au-dessous de zéro certaines graines préalablement desséchées sans qu'elles subissent aucune altération.

Tellier indiqua ensuite la conservation par le froid des *fleurs coupées*, mais aucune maison de Paris ne daigna répondre à ses avances. On sait quel commerce dérive aujourd'hui de cette invention méconnue au siècle dernier.

Si nous passons du règne végétal au règne animal, nous constatons des faits encore plus étranges. Le docteur Laure cite les expériences suivantes : « On a pu congeler à —4° des chauves-souris qui étaient dures comme du bois et qui revinrent à la vie après décongélation lente. Charles Richet, Pictet et d'autres ont pu congeler des poissons vivants à —8° et —15° et les voir se remettre à nager après décongélation. Même expérience avec des grenouilles à —12° et même à —29°, avec des chenilles à —42° pendant une semaine. Certains microbes ont pu être portés à la température de 195° au-dessous de zéro sans rien perdre de leur vitalité (1). »

De même que pour la chaleur, Tellier, chez qui le cœur collaborait intimement avec l'intelligence, voulut faire bénéficier ses semblables de cette merveilleuse propriété du froid. Il présenta en 1870 un appareil pour pratiquer les *amputations* sans atteinte des actions microbiennes. Écouté d'abord, il comprit vite qu'il anticipait sur l'avenir.

Longtemps après, Tellier apprit que son idée avait été reprise et il s'en réjouit.

En 1909 un chirurgien français, M. Alexis Carrel, établi à New-York, utilisa pour les greffes chirurgicales des organes animaux conservés par le froid. Le professeur Pozzi fit de cette nouvelle application du froid une communication à l'Académie de Médecine (2).

M. Carrel enlevait et remplaçait des portions entières d'artères et de veines, la rate et même une patte entière. « Il conservait la vitalité des tissus à transplanter en les immergeant dans une

(1) *La viande frigorifiée*, p. 24.
(2) Séance du 8 juin 1909.

solution de composition chimique particulière et en les plaçant dans une glacière dont la température est maintenue constante entre zéro et un degré centigrade (1). »

Ces opérations n'avaient été faites que sur des animaux, mais M. Carrel n'hésitait pas à dire déjà que des transplantations pourraient dans un avenir prochain être tentés sur l'homme avec des membres provenant d'une amputation ou du cadavre d'un individu décédé de mort violente.

Ajoutons que les ferments eux-mêmes suivent la loi que nous venons d'observer chez les animaux et les végétaux. Le froid paralyse leur action sans la supprimer, même à —100°.

3° La vie a des limites.

Tellier a beaucoup *étudié la fabrication de la bière*, industrie dans laquelle de temps immémorial on utilise la glace pour ralentir la fermentation.

Il savait que la levure de bière était inerte entre —200° et 0°, mais qu'elle végétait à nouveau, si on la ramenait à la température ordi-

(1) *Revue générale du froid*, sept. 1909, p. 182.

naire. Il avait observé aussi les phénomènes suivants :

A 0°, fermentation presque nulle ;

De 6° à 7°, fermentation lente ;

De 8° à 9°, elle s'active ;

De 12° à 14°, elle devient rapide et change de forme ;

De 15° à 30°, le ferment lactique se manifeste.

Puis viennent les fermentations butyriques et putrides qui détruisent le liquide bienfaisant qu'on voulait former.

Enfin, vers 50° à 52° il n'y a plus rien, tous les ferments sont tués.

Le vin, l'alcool, donnent des résultats analogues.

On peut donc dire que la vie a des limites fixées par la chaleur. Elle n'occupe qu'une toute petite portion de la longue échelle thermique qui commence à —273° (froid absolu) et qui s'élève à des milliers de degrés : elle est obligée de rester à une température à peu près constante entre 0° et 50° environ. « Au-dessous de 9°, dit Faye, les germes ne se développent plus, ils sont gelés. Au-dessus de 50° ils ne se développeraient pas davantage, ils sont cuits (1). »

(1) Faye, *Sur l'origine du monde*, Paris, Gauthier-Villars, 1896, p. 302.

Ces limites s'étendent un peu plus pour les microbes, mais elles se resserrent notablement pour les organismes supérieurs. Pour l'homme les limites extrêmes semblent être 32° pour l'adulte (21° pour le nouveau-né), et 42°8 dans la fièvre jaune.

Si, aux environs des pôles, les Esquimaux vivent à des températures de —53° (en Sibérie) à —70°, si même ils séjournent tout nus à l'intérieur de leurs huttes, comme l'affirment les explorateurs, c'est qu'un mécanisme vital admirable tend à maintenir la température interne indispensable.

C'est bien le cas de répéter la phrase de Tellier : « *Tout a été prévu dans la création.* »

4° Il faut doser le froid.

Tout ce que nous venons d'établir conduit à cette conclusion générale :

La chaleur est l'excitateur de la vie. Elle nous permet de gouverner les micro-organismes, de « nous rendre maîtres de leurs agissements », disait Tellier.

« Avec son aide, on endort la vie, on l'active, on la multiplie chez les germes microscopiques (1). »

(1) *Le Frigorifique*, p. 141.

Voulons-nous développer dans nos serres toute la végétation des tropiques : produisons une température suffisante. Voulons-nous la remplacer par des plantes de nos climats : laissons la température s'abaisser. Par un sarclage naturel, les plantes tropicales succomberont et la place sera envahie par celles de notre zone.

S'agit-il du moût de bière, une sélection analogue se produira et c'est également le froid qui en sera cause. Les bons ferments prospérant à basse température, et les mauvais exigeant des températures assez élevées pour végéter, le brasseur n'aura qu'à doser le froid pour ralentir ou activer la fermentation. De fait, Tellier remarquait déjà en 1910 que « de toutes les industries, c'est assurément la brasserie qui, en France, a le plus développé l'utilisation du froid (1) ».

La chaleur est, disons-nous, l'excitateur de la vie. Pour être complet, il faut ajouter l'humidité à la chaleur. Les êtres parasitaires ont besoin d'humidité pour se reproduire : *le froid sec* empêchera donc, à double titre, la multiplication microbienne.

Charles Tellier dépensa quinze années de sa vie à démontrer la réalité de ce fait. Trois procédés se trouvèrent alors en présence :

(1) *Le Frigorifique*, p. 167.

1° La simple congélation, qui permet une conservation illimitée, mais que Tellier rejetait pour la viande parce qu'une fois interrompue elle oblige, disait-il, à consommer aussitôt;

2° La conservation à 0° (sans congélation), qui permet de garder les denrées alimentaires pendant un mois environ;

3° La conservation à 0° *avec ventilation* : c'est l'action combinée du froid et de la dessication, le procédé que notre savant prônait comme supérieur à tout autre.

Tellier n'a jamais prétendu tuer les microbes nuisibles, ni par l'action du froid, ni par la dessication; au contraire, il s'en est toujours défendu.

Le froid et la sécheresse sont pour lui des « stupéfiants microbiens », il ne s'agit donc pas de destruction organique, mais d'atténuation de vie.

Telle est la théorie fondamentale du problème de la conservation par le froid que Charles Tellier a si splendidement solutionné.

En vue d'expliquer cet « état particulier de la matière organisée », Tellier a juxtaposé un grand nombre de synonymes et d'expressions imagées. Il écrit : Le froid paralyse le développement de la vie des micro-organismes, leur prolification s'arrête, le froid les rend inertes, les engourdit, les rend inaptes à la lutte et à la reproduction, affaiblit leur vitalité, les met dans un état inactif de torpeur, de malaise, de somnolence en paralysant leur énergie.

Dès l'origine de ses travaux, il résumait en une seule expression l'état des microbes réfrigérés : « *le sommeil de la vie organique.* »

IV

DÉBUTS INGRATS

IV

DÉBUTS INGRATS

Le chapitre précédent était indispensable pour présenter au lecteur le problème auquel Tellier s'appliqua toute sa vie et qui fut comme le centre de ses travaux scientifiques.

Il prit soin d'écrire, alors que son activité intellectuelle le portait en d'autres domaines :

« Tout en m'attachant à ces labeurs, je n'oubliais pas le froid. Je l'ai toujours considéré comme un enfant préféré, lui donnant mes meilleures aspirations. Il n'a donc jamais été banni de ma pensée. »

Nous avons vu que dès 1855 il étudia les propriétés de l'ammoniaque, et parmi ces propriétés sa liquéfaction fut une de celles qui l'intéressa le plus vivement.

Gazeux à la température ordinaire, on sait que l'ammoniaque devient liquide à 33° au-dessous de zéro et se solidifie à —75°, toujours à la pression ordinaire.

« Il affecte donc, dit Tellier, dans des conditions assez faciles à produire, les trois états de la matière : l'état solide, l'état liquide, l'état gazeux (1). »

Vers 1860, sa proposition de transports pneumatiques, repoussée par la Ville de Paris, le mit en rapports avec le baron Haussmann, père du préfet de la Seine. Celui-ci prit des informations, et, connaissant les premières recherches de notre savant, il dit à son père :

« La glace manque à Paris quand les hivers sont chauds. M. Tellier devrait s'occuper de la fabriquer artificiellement (2). »

Paris, en effet, ne connaissait encore, pour son alimentation en glace, que les récoltes hivernales faites sur les lacs et les étangs ou les importations très coûteuses des pays scandinaves.

L'idée était excellente, et Tellier sut la mettre à profit.

Ce propos du préfet l'aiguilla sur la voie, à peu près inexplorée, du froid artificiel. Il lui indiqua nettement, si l'on peut dire, sa véritable vocation.

(1) *L'ammoniaque dans l'industrie*, p. 3.
(2) *Le Frigorifique*, p. 9.

« Voilà, ajoute l'auteur du *Frigorifique*, comment je suis devenu frigoricien (1). »

Tellier essaya donc de liquéfier l'ammoniaque à la température ordinaire, mais sous une pression de dix atmosphères. Ce n'était pas chose facile. Des fuites malencontreuses se produisaient constamment et, à part Faraday (1825) et Berzélius (1846), qui avaient liquéfié à peine un gramme de ce corps dans un tube de verre, personne n'avait vu l'ammoniaque à l'état liquide.

Tellier résolut de tenter une expérience définitive et, pour cela, il renvoya son jeune frère, qui l'aidait alors dans ses manipulations.

Laissons-le raconter lui-même sa première découverte :

« Resté seul, je me mis à l'œuvre.

« J'allumai le feu. La pression s'établit. Mais horreur! Encore une fois, malgré les précautions prises, une fuite se déclara.

« Résolu d'en finir, je pris une quantité suffisante de mastic et j'empoignai le tube, là où la fuite s'était manifestée, afin de l'aveugler. Cela étant, je laissai l'opération se suivre.

« J'estimai qu'elle devait avoir au moins une

(1) *Le Frigorifique*, p. 6.

heure de durée. Tout le temps je restai à pied d'œuvre, maintenant à la main mon mastic sur la fuite. Quand j'eus estimé l'opération terminée, je quittai mon poste.

« Je n'avais d'autre mal qu'une ampoule dans la main, causée par l'ammoniaque échappée, laquelle, à la longue, avait exercé son action vésicante.

Je m'empressai de mettre mon appareil à nu, et, à ma grande joie, je vis que j'avais obtenu plus d'un litre d'un liquide très mobile, verdâtre, que j'estimai être l'ammoniaque liquéfiée.

« Jamais personne n'en avait vu semblable quantité. Mais, était-ce bien ce corps désiré que j'avais obtenu? N'était-ce pas de la solution ayant jailli! Nouvelle anxiété! Le seul moyen de trouver la vérité était de laisser l'opération suivre son cours.

« Je mis donc en état, pour que les phénomènes subséquents pussent s'opérer, c'est-à-dire la vaporisation et la réabsorption de l'ammoniaque.

« Si c'était bien elle que j'avais liquéfiée, les faits prévus devaient se produire, par suite la congélation.

« Rapidement j'isolai contre le réchauffement le récipent où devait se former la glace. Je n'avais plus ensuite qu'à laisser les faits s'accomplir. L'attente, en semblable circonstance, est longue et dure à supporter. Je me méfiais, pris d'impatience, de vouloir brusquer l'opération.

« Pour éviter cette conjoncture, je résolus de m'absenter deux heures, me disant que si la réussite était, avec les précautions prises, la glace se serait formée et n'aurait pas fondu. Ainsi pensé, ainsi fait. Quand je revins au moment dit, le cœur me battait fort.

« Vivement j'enlevai l'isolant. Un beau bloc de glace se présenta à ma vue. D'autre part, il ne restait pas une goutte de liquide dans mon condenseur.

« J'avais donc bien opéré et je tenais enfin toutes les phases du problème que je m'étais posé. J'étais bien heureux, car j'avais calculé depuis longtemps toutes les conditions à réaliser en grand pour obtenir l'application industrielle de ce moyen.

« Je voyais à cette heure le succès arriver, c'est-à-dire non seulement la glace se produire, problème qui m'avait été posé, mais bien d'autres applications frigorifiques déjà venues à ma pensée, pouvant dès lors être utilisées (1). »

(1) *Le Frigorifique*, pp. 9 à 11.

Le 25 juillet 1860, Tellier prit donc un brevet spécial pour l'application de l'ammoniaque par l'absorption d'un liquide.

Mais cinq mois après, il lui fallut intenter un procès en contrefaçon. Condamné en première instance, il fit appel, et la Cour le reconnut comme l'auteur de l'appareil employant la circulation de l'ammoniaque.

Chose étrange, il fut cependant dépossédé de la propriété du dit appareil et ses travaux furent perdus.

Tellier pourtant ne se découragea pas et résolut de chercher d'autres moyens.

Parmi les corps capables de donner des résultats analogues à ceux de l'ammoniaque, Tellier choisit l'*éther méthylique*, découvert vers 1835. Ce corps était si peu connu à l'époque où il éprouva l'accident que nous avons narré (1), que M. Payen, dont l'autorité était grande, avait dit qu' « *il y avait folie à suivre de semblables recherches* ».

Tellier s'acharnait dans l'étude de ce corps, parce qu'il lui trouvait des qualités particulièrement favorables à la production du froid.

A la pression atmosphérique il se vaporise à

(1) Page 6.

—24° et pour le liquéfier à +5° une charge de trois atmosphères est suffisante. On le manipulait donc dans des bouteilles de fonte, éprouvées pour une pression triple de celle pouvant se produire en cours de route.

Deuxième avantage sur l'ammoniaque : son odeur est aromatique, elle rappelle celle de la pomme. Tandis que l'ammoniaque.....

Troisième avantage : il n'est pas stupéfiant. Les ouvriers peuvent donc le respirer impunément, et, en cas de fuites, faire immédiatement les réparations nécessaires.

Quatrième avantage : il n'attaque aucun métal et il n'a aucune action sur l'huile, ce qui donne de grandes facilités de construction.

La seule objection qu'on puisse élever contre ce corps, c'est son inflammabilité.

Or, Tellier lui-même inaugura le transport des gaz liquifiés.

Lorsqu'il expédia pour la première fois de l'éther méthylique à Mexico, la douane locale fut prévenue des difficultés présentées par ce corps. Les douaniers voulurent quand même échantillonner. Ils soulevèrent la capsule de fonte recouvrant le robinet de la bouteille et, sans hésiter, un gabelou approcha son gobelet. L'effet ne fut pas long. Lui et ses camarades se sauvèrent, sans plus attendre l'échantillon, quand, ouvrant le dit robinet, ils entendirent mugir l'éther, s'échappant, sous ce climat, à 7 ou 8 atmosphères de pression.

Ils ne revinrent que lorsque le silence leur fit espérer qu'ils pouvaient enfin approcher du monstre. Il n'était plus à redouter, en effet, mais la bouteille était vide.

Un fait analogue se produisit avec l'ammoniaque, et la victime fut un nègre. Voici en quelles circonstances :

Tellier avait construit une machine frigorifique pour un petit vapeur, *Le Pescatore*, destiné à la pêche dans l'Amazone. Son voyage du Havre au Brésil s'effectua sans aucune avarie. On donna à l'arrivée réception à bord. Toutes les autorités furent enchantées du résultat. « *Mais comme il n'y a pas de bonne fête sans banquet, on se rendit à terre, pour se livrer à cette noble occupation* (1). » Un nègre resta pour garder le navire.

Il était malheureusement curieux. Émerveillé par le production du froid, de la glace, du givre, toutes choses qu'il n'avait jamais vues sous le climat torride de l'Amazone, il voulut se donner à lui-même une petite représentation. Il avait

(1) *Le Frigorifique*, p. 48.

bien vu tourner un robinet, mais il n'avait pas remarqué lequel. « Bravement il ouvrit le premier qui se trouvait sous sa main. Le malheureux s'était justement adressé au purgeur.

« Dire la terreur s'emparant de lui quand il entendit le rugissement du gaz, quand les premiers effluves de l'ammoniaque arrivèrent à ses bronches, n'est pas possible.

« D'un bond il fut à l'eau, sans se préoccuper de l'appareil ni des caïmans infestant le fleuve. Il fut quinze jours, vivant en forêt, n'osant reparaître chez son maître. »

La perte était irréparable, puisque tout le gaz était sorti et qu'il n'y en avait pas dans le pays, et pour cause, de longtemps.

L'année suivante, une maison anglaise ayant été frappée de ses expériences sur les *poissons*, lui demanda d'appliquer son invention à la pêche au banc d'Arguin, petite île de l'Océan Atlantique. Les parages de ce banc, célèbre par le naufrage de la « Méduse » en 1816 et entouré de récifs très dangereux, sont remarquablement riches en poissons de toutes espèces.

Une machine frigorifique fut installée à grand peine sur un vapeur anglais faisant le service de Londres à Montevideo. Il se nommait : « *The city of Rio Janeiro* », en français : « *La ville de Rio de*

Janeire ». Des viandes furent embarquées. La traversée devait durer six semaines.

Mais le vingt-troisième jour un accident survint.

Sous l'influence de la chaleur, les bois se desséchèrent et le bâti se rompit, entraînant l'arrêt de la machine frigorifique.

L'expérience prit fin.

Elle avait coûté à Tellier huit années de peines, de luttes, de démonstrations pour reproduire la vérité des faits et triompher de l'incrédulité.

Tout était à recommencer.

Au milieu de l'opposition, en dépit des railleries même qu'on ne se gênait pas de lui servir, l'obstiné chercheur fit le projet audacieux d'acheter un navire qu'il armerait spécialement pour l'opération.

Le Ministère de la Marine rejeta ses propositions.

Alors, Tellier, sans abandonner son projet, eut l'heureuse initiative d'appliquer au commerce le fruit de ses recherches.

En 1860, il avait déjà construit — ce qui n'avait jamais été tenté — une armoire conservatrice directement réfrigérée par un appareil frigorifique. Sept ans plus tard, il établit la première chambre conservatrice de denrées alimentaires.

Cette même année il produisit publiquement un nouvel appareil et réussit à conserver de la viande pendant 120 jours.

Dès lors, nous voyons notre savant poursuivre inlassablement ses expériences de conservation et en même temps la fabrication de la glace.

Il semble que pendant de nombreuses années la préparation des carafes frappées, qu'il destinait à la consommation parisienne, fut sa principale source de revenus.

Mais, nouvelle mésaventure.

L'eau de Seine, qu'on employait alors à cet usage, avait le tort de laisser en suspension, la glace fondant, quantité de pellicules qui provenaient de sels de chaux et qui, évidemment, n'avaient rien d'agréable pour les consommateurs. Tellier crut bien faire en chauffant l'eau sous pression à haute température, pour extraire ces sels calcaires, et de livrer des carafes absolument transparentes, qui paraissaient vides. Mais les limonadiers n'en voulurent pas, et il dut se conformer à l'usage déjà consacré : livrer l'eau dans des carafes opaques.

Il le fit, et si bien que pendant dix années il put alimenter la moitié de Paris en carafes frappées.

Deux machines frigorifiques lui suffirent pour cela.

En 1868, il s'occupa du refroidissement des brassins, c'est-à-dire des cuves où l'on fabrique la bière, puis il construisit un appareil destiné à la Marine pour produire de la glace en tablettes, tandis que dans son usine de l'Avenue de Versailles il arrivait à fabriquer par heure 200 kilogrammes de glace comestible.

Les applications industrielles se développant sans cesse, Tellier installe dans la chocolaterie de M. Gaston Menier, le grand industriel français, sa première machine frigorifique à compression.

Toutes celles que l'on construit aujourd'hui et dans lesquelles on utilise les vapeurs de l'acide sulfureux, du chlorure de méthyle, de l'ammoniaque ou de l'acide carbonique, ne sont que des modifications de celles de Tellier (1).

Cette machine se composait d'une pompe et de deux serpentins. La pompe enlève rapidement les vapeurs qui se forment dans le premier serpentin. C'est l'évaporation.

Puis ces vapeurs sont comprimées dans un faisceau tubulaire, refroidi par un courant d'eau extérieur. Ce second serpentin est le *liquéfacteur*.

(1) *L'ammoniaque dans l'Industrie*, p. 89.

Les vapeurs se liquéfient en effet et le liquide retourne à son point de départ. Le cycle est donc continu.

Remarquons que l'action utile se fait dans la première phase de l'opération, c'est-à-dire au passage de l'état liquide à l'état gazeux.

En s'évaporant, tout corps absorbe en effet des calories, donc rayonne des frigories.

Dans la seconde phase, la liquéfaction, le gaz, emprunte à l'eau froide qui circule ses frigories et lui donne ses calories.

Tellier perfectionna ensuite sa machine à compression par des refroidissements successifs qu'on a appelés « refroidissements par cascades ».

En deux mots, il s'agissait d'utiliser un fluide assez facilement liquéfiable pour déterminer la liquéfaction d'autres fluides plus réfractaires. Cette invention permit aux physiciens, quelque vingt ans après, de liquéfier des gaz, tels que l'oxygène et l'hydrogène, jusqu'alors réputés permanents.

Là encore, la priorité de l'application industrielle appartient à Charles Tellier.

En 1869, Tellier crut avoir trouvé les ressources nécessaires pour équiper un navire. L'ancien gouverneur de la Banque de France, le comte de Germiny, qui était alors la plus haute personnalité financière, avait assisté à ses expériences de conservation. Tellier alla le trouver, et le comte lui promit de former une société, dont l'Empereur serait le premier souscripteur (1).

Ce ne fut, hélas! qu'une « lueur d'espérance ». La guerre éclate bientôt, M. de Germiny meurt, l'empereur est emporté, on sait comment.

Une fois encore, notre savant restait seul.

Après le grand drame de l'année terrible et ses cruelles souffrances, Tellier reprit le cours de ses travaux.

Leur énumération à elle seule stupéfait. Elle nous conduira jusqu'au grand succès de 1876 : le voyage du navire « *Le Frigorifique* ».

En 1872 il conserva à 0° cinq cents cartons *d'œufs de vers à soie* qui arrivaient du Paraguay en automne, c'est-à-dire hors de saison.

Quand vint la végétation du mûrier, il laissa la chaleur revenir peu à peu, et les éclosions se firent dans des conditions magnifiques.

Deux ans plus tard, il reprit la question devant la Société des Agriculteurs de France, qui s'intéressa vivement au procédé jusqu'à souhaiter la création de magasins cantonaux pouvant conserver 25.000 à 50.000 onces de ces graines de vers à soie.

(1) *Le Frigorifique*, p. 93.

Pour la Société d'Acclimatation il conserva 10.000 œufs d'une espèce de poisson fort estimée et importée de Californie : *le saumon des fontaines*. C'est grâce à ce fait que ce poisson a été introduit en France et de là dans toute l'Europe, puis reporté en Amérique (en Amérique du Sud), où il n'existait pas.

Quand il voulut traiter *le beurre*, il fut peu écouté. Seule la maison Enos, d'Isigny, se prêta à l'expérience. Elle lui confia pendant deux mois une motte de 20 kilogrammes, qui lui fut réexpédiée dans un état parfait de conservation. M. Enos le fit saler et le conserva encore trois semaines. Le procédé employé par Tellier était en ce cas la congélation à —10° et —12°.

Il reprit aussi à cette époque la construction des *meubles frigorifiques*. La Banque de France lui en demanda un pour son réfectoire, un grand café de Paris pour sa cuisine ; mais il voulut reprendre ce dernier lorsqu'il connut l'hostilité du chef cuisinier. La conservation des aliments — Tellier, dans sa droiture, ne pouvait le deviner — troublait fortement le trafic occulte que cet employé pratiquait sans scrupule.

Il construisit encore des buffets du même genre pour la Société du Louvre, pour des boucheries et autres établissements parisiens.

Lors de la session de 1874 de la Société des Agriculteurs de France, Tellier proposa *la création d'abattoirs régionaux*, avec magasins réfrigérants en vue d'accumuler des provisions considérables de viande.

Il avait déjà saisi depuis longtemps le Ministère de la Guerre de cette question, afin d'appliquer aux armées un procédé simple qui donnerait aux soldats de la viande saine. « *Faire le procès de la viande à soldat*, dit-il, *serait peine perdue. Tout le monde connaît ses inconvénients. Disons mieux : ses dangers.* »

C'est alors qu'il reprit sa campagne par *une nouvelle ère expérimentative*, estimant qu'il convenait de réchauffer l'opinion publique.

Il obtint que *l'Académie des Sciences* nommât une Commission. La dite Commission ne donnant pas signe de vie, Tellier prit sous son bras un gigot frigorifié et se rendit à l'Institut un jour de séance publique.

C'est la vue de ce gigot, conservé depuis un mois, qui décida M. Bouley à faire l'expérience nécessaire. L'Académicien apposa un jour sa signature sur les quartiers d'une génisse et de six moutons que Tellier avait obtenu d'abattre chez lui.

La visite d'un autre membre de la Commission, M. Péligot, lui permit de faire connaître son nouveau procédé pour *graduer les thermomètres*. Il obtenait le zéro, point de départ de l'échelle thermique, en refroidissant lentement de l'eau bouillie et filtrée dans le verre qui contient les thermomètres. Lorsque la température atteignait 4° ou 5° au-dessous de zéro, l'eau restant liquide, il y jetait une parcelle de givre, que le premier il avait réalisé. Ce petit glaçon gros comme la tête d'une épingle suffisait pour former immédiatement une multitude d'aiguilles de glace qui, par leur solidification, absorbaient le froid existant au-dessous du point de congélation.

Malgré toute l'attention apportée par M. Péligot à ce qu'il voyait, Tellier eut l'impression qu'il n'était pas favorable à l'expérience relative aux viandes.

Au moment de son départ, il lui demanda, très inquiet, si sa seconde visite serait prochaine :

— Je ne reviendrai pas, répondit-il.

Nouvelle anxiété. Tellier manifesta son étonnement.

— Mais non, ajouta-t-il, c'est inutile. A mes yeux le résultat est acquis. Vous êtes absolument dans le vrai. Ce que j'ai vu est parfait.....

Les expérimentations se suivirent pendant cent vingt jours.

Malheureusement, le résultat n'était pas acquis pour tout le monde. Pasteur, qui, maintes fois, lui avait témoigné ses sympathies et qui, devant ses élèves de l'École Normale, l'appelait *le grand prêtre du froid*, objecta que les animaux avaient été débités en trop petits morceaux et qu'il était à craindre qu'on ne réussît pas avec des pièces de boucherie plus fortes. Ce n'était de la part du célèbre académicien qu'une question de loyauté scientifique.

Tellier recommença avec de plus gros morceaux : deux bœufs coupés en deux, et en plein été. M. Bouley, d'accord avec Pasteur, y mit fin au bout de 51 jours. Le rapport élogieux fut adopté par l'Académie le 5 octobre 1874. Le savant M. Poggiale en fit un autre au Conseil de salubrité de la Seine et invita Tellier à étudier le refroidissement d'un des pavillons des Halles Centrales.

L'architecte de ce pavillon lui laissa la liberté d'agir, à la condition de ne pas mettre de moteur et de ne toucher ni aux portes, ni aux fenêtres!.... Drôle de liberté! Tellier s'abstint, et le projet ne fut plus mis à l'étude qu'en 1910!....

Au Ministère de la Guerre, à l'Assistance publique, même fin de non-recevoir.

Alors Tellier reprit une dernière fois son idée de transport maritime. Il lui fallait une forte somme et il frappa à la porte de nombreuses sociétés financières. Il fut poliment éconduit, quand il ne fut pas accueilli comme un halluciné.

En désespoir de cause, il résolut de s'adresser directement au public en insérant une annonce de quelques lignes dans les *Petites Affiches*.

La première rédaction était ainsi conçue :

« 5.000 francs de rente pour 1.000 francs. Affaire honorable et sûre, fonds déposés à la Banque de France. S'adresser bureau restant aux initiales C. T. (1). »

Le directeur de la maison fit comprendre à son client qu'il convenait d'ajouter qu'il ne s'agissait pas de jeu et d'indiquer un domicile.

L'annonce rectifiée parut le lendemain et, après envois de brochures explicatives, fit venir les premières souscriptions de mille francs.

Une seconde annonce, celle-ci dans le *Figaro*, lui procura quinze à vingt lettres de demandes de renseignements par jour.

C'était en effet une formule nouvelle qui exigeait quelques explications. Pour la première

(1) *Le Frigorifique*, p. 236.

fois on essayait une « *Société à deux étages* » : La Société d'initiative devait bénéficier des recettes que produirait la Compagnie d'Importation à former ultérieurement.

Cette correspondance était très agréable à Tellier. Il y eut toutefois quelques grincheux. Une fois entre autres, on lui écrivit de Reims qu'il était « bien naïf de prendre les gens de province pour des sots ; que leur habitude n'était pas d'attacher leurs chiens avec des saucisses ». Mais lorsque le signataire de cette lettre eut pris connaissance des brochures explicatives que Tellier adressait à tous ses correspondants, il lui fit des excuses et souscrivit pour mille francs.

Un soir, sur le boulevard, il rencontra un des financiers qui l'avaient éconduit. Celui-ci proposa de lui acheter les 300 actions qui restaient. Mais, nouvelle déconvenue, au moment de traiter, il les voulut pour 800 francs seulement. Tellier garda ses titres et rouvrit la souscription que, de bonne foi, il avait arrêtée.

Bientôt les douze cents actions furent achetées. Tellier en fit verser le premier quart, comme la loi l'exige, et confia les 300.000 francs à MM. Lécuyer.

Une Société fut alors régulièrement fondée dans l'étude de Mᵉ Cabaret, notaire à Paris, et la première assemblée générale fut convoquée.

Elle se réunit dans une des salles du Grand-Hôtel, mais le conseil d'administration provisoire, que Tellier se proposait de présenter, lui donna sa démission juste au moment d'entrer en séance.

Le motif de cette décision, écrit Tellier, était futile, « si futile qu'il n'a pas laissé trace dans mes souvenirs (1) ». Il est vrai que les « gens honorables » qui composaient le conseil étaient, selon lui, « un peu entiers dans leurs opinions, surtout à l'égard des actionnaires ».

Toujours est-il que, en dépit de ce « lâchage immérité », Tellier, qui n'avait jamais assisté à semblable réunion, se présenta seul et fut écouté. Tout ce qu'il proposa fut accepté à l'unanimité. Un conseil nouveau fut acclamé.

« Cette journée, dit-il, fut assurément une des plus belles de ma vie (2). »

Ainsi, après de si douloureuses démarches, après des débuts si ingrats, Tellier était enfin arrivé à réaliser son grand projet.

Financier sans le savoir — et l'on peut dire sans le vouloir —, il avait su grouper un capital et fonder une Société.

Ses vœux étaient comblés.

(1) *Le Frigorifique*, p. 243.
(2) *Ibid.*, p. 245.

V

LE FRIGORIFIQUE

V

LE FRIGORIFIQUE

Frigorifique est un adjectif qui peut s'appliquer à tous mélanges et à tous appareils qui produisent le froid. Charles Tellier en a fait un substantif : il en a donné le nom au bateau qu'en 1876 il acheta pour transporter des viandes en Amérique et à l'ouvrage le plus important qu'il écrivit sur ses inventions (1). Ce livre est en réalité son autobiographie, commençant à l'origine de ses travaux et se poursuivant jusqu'en 1910, date à laquelle il parut.

Guizot a dit : Vous voulez un roman, lisez l'histoire. N'avons-nous pas bien souvent vérifié cette assertion ? Il n'est de romans plus passionnants que certaines histoires. Celle de Tellier et

(1) « *Le Frigorifique* », *Histoire d'une invention moderne*, par Ch. Tellier, ingénieur. Paris, librairie Delagrave, 15, rue Soufflot, 1910, in-8° de 456 pages.

en particulier celle du bateau « *Le Frigorifique* » en sont la preuve.

Depuis l'aventure que nous allons raconter, ce nom a été généralisé et désigne aujourd'hui les navires, magasins et usines propres à la conservation par le froid.

* * *

Il s'agissait d'expérimenter le transport par mer de viandes maintenues à 0°. Un homme éminent n'avait pas craint de dire à l'inventeur : « Vous avez réussi à terre, mais vous ne ferez pas, mon cher Tellier, passer la mer à un gigot. »

En traversant l'Atlantique avec son navire, Charles Tellier démontra, pour la première fois, la possibilité d'établir et d'isoler une cale, de façon à y maintenir la température à zéro, en tous temps et sous toutes les latitudes, quelle que fût la durée du voyage.

Il n'est pas exagéré d'ajouter, en empruntant une phrase de l'inventeur lui-même, que « *Le Frigorifique* a ouvert un nouveau trait d'union entre les nations ». A ce titre seul, notre savant peut être dit, en toute justice, bienfaiteur de l'humanité.

Avec le Capitaine Lemarié, Tellier visita les

ports de Nantes, de Marseille et du Havre sans trouver le navire à carène en fer qu'il désirait. Avec un ingénieur nautique, M. Nillus, il se rendit à Londres, puis à Liverpool, où se trouve « une vaste foire de bateaux de tous genres, de tous calibres ». Le premier navire visité convenait assez, mais il coûtait trop cher et surtout il avait un nom véritablement impossible à présenter à des actionnaires français. Il se nommait : le *Gogo*. Et l'auteur de souligner avec ironie ce détail :

« Me voit-on, réunissant mes adhérents et leur « annonçant que j'avais acheté le « Gogo » !.... « Cette appréhension peut paraître un peu pué-« rile. Mais dans les choses les plus sérieuses, « j'ai toujours eu pour principe de ne pas « méconnaître les petits côtés. Cette considéra-« tion, après la longue lutte supportée, s'impo-« sait encore plus (1). »

Après huit jours de visite il s'arrêta sur un bateau venant de la côte d'Afrique, un joli et solide bateau portant trois mâts et calant environ quatre mètres d'eau. Son nom *Eboe*, qu'il tenait d'une rivière de l'Afrique Occidentale, fut changé, par son acte de francisation, contre celui de *Frigorifique*. Il le paya 212.500 francs.

(1) *Le Frigorifique*, p. 247.

« Au moment de traiter, le vendeur, un grand négociant de Liverpool, me demanda à quels services je voulais l'employer. Naturellement je lui racontai ce que je voulais faire. Je vis aussitôt mon homme me regarder par-dessus ses lunettes d'or, d'un air exprimant son inquiétude sur l'état de ma raison. Puis, un mouvement brusque d'épaules voulant dire : « Que m'importe! je suis payé. » Je le quittai quelques instants après, lui laissant l'impression d'un être voulant accomplir œuvre de folie (1). »

Ses actionnaires, par contre, furent satisfaits. Ils désiraient seulement constater les résultats sans délai, ne se doutant pas de l'ampleur de la besogne restant à accomplir. « La tâche de l'in- « venteur, dit Tellier, a ceci de particulier : que « longtemps il lui faut peiner pour trouver le « nerf de l'action, c'est-à-dire l'argent. Quand « enfin cela est, il faudrait que le résultat soit « immédiat. Malheureusement, il n'y a que Dieu « qui puisse dire : *Fiat lux!* Pour l'homme, sa « créature, il lui faut accomplir un labeur con- « sidérable, et par suite s'attarder en bien des « circonstances. Aussi le temps devient-il pour « lui un coefficient inéluctable. »

(1) *Le Frigorifique*, p. 250-251.

Il en fut ainsi pour le *Frigorifique*. Il fallut dix mois de préparation et d'installation : le déshabiller complètement, le gratter énergiquement, le laver à la potasse afin de faire disparaître l'odeur repoussante des huiles de palme et autres matières qui imprégnait ses cales.

Les chaudières et le moteur occupaient la partie la plus large du navire, séparant les deux cales principales. En affectant la plus grande (25 mètres de longueur) à la conservation de la viande, et la plus petite (10 mètres) aux machines frigorifiques, il fallait encore trouver le moyen de faire passer de l'air froid par la chambre des machines où régnait une température d'environ 40°.

Cette grosse difficulté reçut encore de notre savant une solution rapide.

Il remplaça l'air par un courant liquide comme agent transporteur du froid. A température égale, un demi-litre de liquide conduit, en effet, autant de frigories qu'un mètre cube d'air. Des tuyaux de petit diamètre, soigneusement isolés par une épaisse couche de laine, traversèrent la chambre de chauffe presque en touchant les chaudières, sans pertes très sensibles.

Pour isoler la cale à viande, baignée directement par le milieu liquide qui sous l'Équateur peut atteindre 30°, il fit une double paroi en bois de sapin et remplit l'espace de 10 centimètres de liège en poudre, puis de paille hachée.

Il aurait bien mis du liège partout s'il en avait trouvé en quantité suffisante, mais l'usage du liège n'était pas encore connu comme matière isolante. Malgré toutes ses recherches dans les centres producteurs, Tellier ne put réunir une quantité de sciure bien considérable. Elle lui permit d'isoler seulement le fond de la cale jusqu'à la ceinture.

Fidèle au même principe d'emmagasinement de l'air par petites fractions, il se procurait alors de la paille de blé battue au fléau, de manière à ce qu'elle ne fût pas aplatie, brisée comme celle sortant des batteuses mécaniques. A l'aide d'un hachoir il fit couper cette paille en longueurs de un centimètre, il obtenait ainsi autant de petites capacités creuses, pleines d'air, lesquelles constituaient un excellent isolant.

Le *Frigorifique* était aménagé, prêt à partir.

Tellier le fit assurer aux mêmes conditions que les steamers bien cotés. La provision d'éther méthylique qu'il plaça dans sa cale n'était pas, selon lui, un danger d'incendie exceptionnel.

« Il y a, en effet, disait-il, moins de danger à

transporter quatre à cinq cents kilogrammes d'éther méthylique dans des récipients éprouvés parfaitement étanches, que l'alcool, le pétrole, les huiles, emportés par chaque navire, pour les besoins du bord; liquides inflammables, logés la plupart du temps dans de simples futailles (1). »

Le *Frigorifique*, en se pressant, ne faisait que 6 à 7 nœuds à l'heure, moyenne acceptable pour l'époque. Le vendeur l'avait annoncé pour 11 nœuds. Il ne les avait jamais faits que sur le papier. Mais la vitesse n'avait qu'une importance secondaire, on pourrait même dire aucune importance : il ne s'agissait pas, en effet, d'effectuer une rapide traversée, mais de prouver, au contraire, qu'on pouvait transporter de la viande fraîche aux plus longues distances. Plus le voyage aurait de durée, plus il démontrerait la valeur du procédé, plus l'expérience était concluante. En fait, le voyage dura cent cinq jours.

On avait même engagé Tellier à n'aller qu'au Texas, sous prétexte que le voyage serait moins long. » J'ai tenu, dit-il plus tard, à ce qu'il (*le Frigorifique*) allât à la Plata. Et en effet, traversant, pour y arriver, l'Équateur et les deux Tro-

(1) *Étude thermo-dynamique*, p. 35.

piques, il a démontré, par ce voyage, la possibilité de transporter partout la viande fraîche, au moyen du froid (1). »

*
* *

Rouen avait été choisi comme port d'attache.

Un beau matin de juillet, par un temps magnifique, le *Frigorifique* quitta le Havre et remonta le cours, vraiment enchanteur, de la Seine.

Ce fut un véritable triomphe : les populations riveraines, prévenues par les journaux, accoururent pour témoigner au savant leurs sympathies. L'enthousiasme était partout. Tellier fut particulièrement ému de l'accueil et des attentions dont il fut l'objet en arrivant à Rouen.

Dès le premier jour, les passagers furent comblés de prévenances.

Des ordres avaient été donnés pour amarrer le steamer au quai le plus commode, près de la place Boïeldieu.

Un ancien officier de marine, Dore, pressentit le Cardinal de Bonnechose, archevêque de Rouen, afin de savoir s'il ne consentirait pas à bénir le bateau. Très aimablement le prélat

(1) *Étude thermo-dynamique*, p. 97.

accueillit la proposition et, après une visite détaillée des machines, il prit jour et heure pour la cérémonie du baptême du *Frigorifique*, qui fut fixé au 23 août 1876.

Au jour dit, Tellier raconte plaisamment qu'à l'annonce de Son Éminence, il quitta en toute hâte le vêtement de travail qu'il avait revêtu pour pouvoir donner aux machines une dernière surveillance.

Dans sa précipitation il oublia de retirer le gilet bleu et mit par-dessus gilet noir et habit noir. Distraction de savant! Fâcheusement le gilet bleu était beaucoup plus long que le noir!... Ce n'est qu'après la cérémonie que des dames, fort gracieusement, lui firent apercevoir sa méprise. Elle n'eut d'autre inconvénient que de jeter un peu de gaieté au milieu de la gravité de la circonstance.

Le général commandant à Rouen, ayant des manœuvres à diriger ce jour-là, apprit la décision du Cardinal : « C'est très bien, s'écria-t-il, ce que fait l'Archevêque. Eh bien! nous ne resterons pas en arrière. J'enverrai, moi, la musique d'un régiment. »

Il tint parole. Mieux que cela, il envoya une compagnie du 39e de ligne pour encadrer la place devant laquelle le *Frigorifique* était amarré.

Cela devenait une véritable solennité.

« Cet honneur me fut précieux, écrivit Tellier. « C'est assurément le plus grand que j'aie, dans « ma vie, recueilli. J'en suis encore fier. Il m'a « consolé de bien des mesquineries subies (1). »

En présence d'une délégation de l'Académie des Sciences, venue tout exprès de Paris, en présence de nombreux invités appartenant à la presse, à la Société des gens de lettres et à celle des Ingénieurs civils, en présence des représentants de tout le monde officiel de Rouen, M. Goussard de Mayolle, président du Conseil d'administration, reçut le digne prélat à l'entrée de la passerelle.

Il prononça une brève allocution dont il convient de remarquer les sentiments élevés : « Nous sommes de ceux, disait-il en terminant, qui sont convaincus que rien n'est possible à l'intelligence humaine si elle n'est fécondée et éclairée par la protection de Dieu. Vous nous l'apportez, Monseigneur, dans vos bonnes prières et, riches que nous étions d'espérance dans l'avenir, nous le serons tout à l'heure de vos bénédictions, et en croyants que nous sommes, nous croyons maintenant, et maintenant seulement, au succès (2). »

(1) *Le Frigorifique*, p. 271.
(2) *Le Nouvelliste de Rouen*, n° du 24 août 1876.

Mgr de Bonnechose, entouré de deux de ses vicaires généraux et de son clergé, prit alors la parole pour féliciter et encourager Tellier et ses collaborateurs.

« S'il ne s'agissait ici que d'une spéculation mercantile, dit-il en débutant, nous ne serions pas aujourd'hui au milieu de vous. Mais nous avons discerné dans votre entreprise un autre caractère. Nous y avons vu une œuvre utile à l'humanité, une œuvre destinée à satisfaire les besoins du pauvre et à améliorer la condition de nos valeureux soldats. » Après cette éloquente improvisation, le cardinal, revêtu de ses habits pontificaux, crosse en main, mitre en tête, monta sur l'arrière du navire et donna la bénédiction selon le cérémonial usité, au milieu du respect le plus profond.

Pour lui témoigner sa reconnaissance, Tellier eut la bonne pensée de mettre le *Frigorifique* à la disposition de l'Archevêque pendant deux jours, pour en verser le prix perçu à l'entrée à telles œuvres de charité qu'il désignerait. Le premier jour les Petites Sœurs des Pauvres récoltèrent 1560 francs et employèrent cette somme à créer, pour leurs assistés, un pavillon de bains. Il est à remarquer que, le prix d'entrée ayant été fixé à un franc, ce chiffre devrait indiquer exactement le nombre de visiteurs. Il n'en est pas ainsi, car c'était jour de marché et le paysan est malin. De nombreux visiteurs, allongeant les doigts, couvraient la pièce et glissaient... deux sous, au lieu du franc réglementaire. On appelle cela à volonté de l'astuce ou de la malhonnêteté. Les deux religieuses voyaient bien monter les sous en quantité irraisonnable, mais elles n'osaient réclamer. Le capitaine et le second, plus méfiants, s'aperçurent de la manœuvre. Pour y couper court, chacun d'eux se posta près des quêteuses, et, grâce à cette attitude, les choses prirent un cours plus normal.

VI

DE ROUEN A BUENOS-AYRES

VI

DE ROUEN A BUENOS-AYRES

Le moment du départ approchait. Il fut fixé au 20 septembre 1876. La veille, on embarqua six bœufs fendus en deux, douze moutons, deux veaux, un porc et une cinquantaine de volailles. Celles-ci étaient simplement saignées, mais non plumées, ni vidées.

Tellier donna plusieurs fois la raison de cette dernière précaution.

« J'avais grand soin de ne pas dépouiller les animaux (la volaille), de ne pas les vider. De telle sorte, je préservai leur substance intime de toutes déchirures organiques, favorisant l'action microbique ultérieure. La présence des intestins, que l'on pouvait redouter, n'avait aucun inconvénient pour la réussite finale (1). »

(1) *La conservation de la viande*, p. 31.

Le rapport de 1874 l'avait déjà constaté, et l'expérience donna raison au savant ingénieur.

Au jour dit, à 2 heures de l'après-midi, les amarres furent larguées. Le navire quitta le quai, acclamé par la foule, et, comme pendant la traversée montante, partout, sur le parcours, des marques de l'intérêt le plus vif lui furent témoignées (1). On espérait arriver à Buenos-Ayres dans un délai de quarante jours.

Alors que, à la tombée de la nuit, le pilote s'arrêtait vers Duclair, un peu avant Caudebec, les passagers eurent la joie de voir le fameux mascaret, on pourrait dire le dangereux mascaret, puisque, faute de certaines précautions, un navire peut être par lui arraché de ses ancres, entraîné par le flot et démoli en un instant.

Mais Lemarié, qui commandait le paquebot, n'était pas homme à se laisser prendre par l'imprévu. « Les chaudières étaient allumées, la machine fonctionnant lentement, le pilote à son poste, tout en un mot était paré pour recevoir le choc. Nous pûmes donc obéir au flot en évoluant de manière à éviter tout danger. »

Il était 10 heures du soir, le silence était profond, le fleuve semblait endormi. Tout à coup

(1) *Le Frigorifique*, p. 277 à 313.

un bruit sourd se fait entendre, puis le flot mugissant, bondissant, animé d'une vitesse prodigieuse, s'approche du navire avec le fracas d'une charge de cavalerie.

Brusquement, le *Frigorifique* avait été soulevé, entouré de flots et d'écume. Deux ou trois vagues immenses, et tout était fini.

Le lendemain, à 11 heures du matin, le même phénomène se renouvela auprès de l'embouchure de la Seine. On prit enfin le large.

« A cet instant, écrivit Tellier, les cœurs se « serrèrent un peu. On ne quitte pas la France, « quoi qu'on dise, sans une vive émotion. »

Il y avait environ cinquante personnes à bord, tous joyeux et bons compagnons. Outre l'équipage, Tellier emmenait son chef mécanicien, son préparateur et son secrétaire, un rapporteur de l'Académie des Sciences, deux délégués de Chambres de Commerce, un capitaine d'état-major autorisé par le Ministère de la Guerre, un lieutenant de vaisseau démissionnaire et un artiste peintre.

Au premier repas, le maître écarta la tristesse de ses hôtes et fut admirablement servi par le beau spectacle de la mer phosphorescente.

Les petits poissons agitant l'eau multipliaient les effets de lumière, et les vagues, en se brisant sur le navire, semblaient lancer des milliers de paillettes fulgurantes.

Tout alla bien pendant trois jours, mais dans la nuit du 24 septembre le temps devint subitement mauvais.

« Brusquement, dit-il, je fus éveillé vers trois « heures du matin par un bruit me paraissant « épouvantable. N'ayant jamais navigué, je fus « naturellement inquiet. »

Il se leva et fut projeté sur le plancher par le roulis. Le vacarme avait une cause bien prosaïque : les couvre-plats et autres ustensiles métalliques de l'office, qui était voisin de sa chambre, avaient glissé.....

En pénétrant dans le salon du bord, qui était en même temps la salle à manger, un nouveau coup de roulis le rejeta à terre. A ce moment le capitaine lui amena son chien, Ox, qu'il craignait voir enlever par les vagues. « La pauvre « bête, ne pouvant se tenir debout, glissait sur « le parquet à chaque coup de roulis, allant « d'un bord à l'autre du salon. Elle me regardait « d'un œil triste, ayant l'air de me dire : — « Où « nous as-tu conduits ? » Mais l'heure n'était pas « aux confidences, même avec mon chien. »

Et l'auteur continue de décrire avec humour toutes les phases de la tempête. Il se révèle alors, plus que dans nul autre chapitre peut-être, un narrateur des plus délicieux. Ses compagnons qui, pâles, défaits, sortent de leur cabine; celui qui cherche à réconforter « en émaillant « ses discours des jurons les plus énergiques » et tapote en vain le baromètre; le maître d'hôtel qui met les violons (sortes de cadres retenant les assiettes) et sert le repas auquel personne ne touche; l'artiste qui admire la tempête sur le pont et qu'un paquet d'eau fait culbuter sans majesté; le gilet de sauvetage enfin, accroché au-dessus de la couchette..... Rien ne manque à la description pittoresque.

« Quand on regarde alors à travers des hublots, « les vagues qui se pressent mugissantes, tour- « mentées; qu'on les entend se briser bruyam- « ment sur la carène; que, d'autre part, on se « reporte au moyen de secours, là appendu, on « comprend quelle différence il y a entre le dan- « ger et son antidote. On conçoit que le secours « prévu laisserait l'homme bien petit devant « l'immensité furieuse. *Aussi, malgré soi, la pen-* « *sée remonte-t-elle plus haut, allant y chercher un* « *peu de réconfort. On comprend, à cet instant,* « *comment l'esprit du marin s'élève si facilement* « *vers Dieu.* »

Cette tempête dura trois jours. Elle fut pour

notre savant l'occasion... imprévue d'éprouver les viandes que transportait le navire.

Souvent on lui avait fait entrevoir les avaries que celles-ci auraient à subir par gros temps. Lui-même ne croyait pas qu'elles auraient été exposées à de pareilles oscillations.

Ayant installé une sorte de roulis-mètre sur le *Frigorifique*, il constata 30° d'inclinaison par chaque bord, soit 60° d'amplitude. Mais la viande n'en fut nullement éprouvée. C'était un premier succès fort appréciable.

La tempête apaisée, on reprit la vie normale. Les surveillants des machines à froid, eux, étaient sérieusement indisposés. « Le roulis, le voisinage des chaudières, les odeurs de la machine à vapeur, tout avait contribué à les rendre plus souffrants. »

Sur la demande du chef mécanicien, on décida de s'arrêter quelques jours à Lisbonne, qui était proche.

Quatre fois ils reçurent l'ordre de stopper. Le premier canot, portant pavillon jaune, venait s'assurer de l'état sanitaire ; le second avait mission de vérifier les papiers du bord. Ils étaient en règle, mais le fonctionnaire fut mal impressionné de l'arsenal installé à l'entrée du salon et qui provenait de l'époque où le *Frigorifique*, sujet anglais, naviguait dans les rivières africaines.

La troisième visite eut pour but d'enlever les poudres qui se trouvaient à bord. La quatrième embarcation amena un surveillant préposé à la douane.

De fait, l'escale dura 25 jours. Tellier admira la ville de Lisbonne, bâtie sur une des rives du Tage, s'étageant en amphithéâtre sur une vaste colline. Loin de trouver une ville attardée, il aperçut des tramways sillonnant les rues. Paris n'en avait pas encore. Le fleuve, très large et très profond, est plutôt une baie majestueuse. Son courant est si rapide qu'un homme tombant dans ses eaux peut être considéré comme perdu.

Un jour, Tellier fut victime de ce courant.

Il avait dû coucher en ville après un dîner tardif chez le chargé d'affaires de France, et il descendit le matin dans la petite embarcation qui faisait le service entre le *Frigorifique* et la terre. Elle n'était pas pontée, les deux rameurs portugais ne savaient pas un mot de français, et les vagues étaient furieuses.

Tellier prenait son mal en patience, se cramponnant à son banc pour ne pas être lancé par-dessus bord. Il croyait que les trois kilomètres seraient franchis en une demi-heure.

Mais, au lieu de piquer droit sur le navire, les

hommes se dirigèrent vers le fond de la baie, puis vers une pointe de terre inhabitée. Il crut un moment que les gaillards, qu'il savait beaux-frères, le menaient en cet endroit désert pour l'assassiner et le dévaliser.

Son angoisse augmenta lorsqu'il les vit crier, gesticuler, puis, lâchant leur rame, se lever et se battre ?

« Cette fois, ce n'est pas douteux ; ils se dis-
« putent sur le sort qu'ils vont me faire subir.
« Sans doute il y en a un qui recule devant le
« crime. »

Alors il intervint énergiquement, et le calme se fit.

Au moment d'aborder au *Frigorifique*, un des marins laissa échapper sa rame. Comment tenir contre un tel courant lorsqu'on nage d'un seul aviron pour courir après l'autre ? Il ne serait pas sorti indemme de cette situation critique si Lemarié, qui avait suivi du bout de sa lorgnette les mouvements de la barque, ne leur avait envoyé une planche attachée à un filin.

Halés par les marins du bord, les trois hommes purent enfin accoster. La petite traversée avait duré quatre heures.....

Il apprit avec satisfaction que la manœuvre des vigoureux Portugais avait été rationnelle et commandée par les circonstances. Il fallait absolument, vu l'impétuosité du courant, remonter très haut et se laisser ensuite porter vers le but.

La rixe des bateliers avait eu pour cause l'instant précis où il fallait virer de bord. Tellier ajoute : « Singulière manière de faire le point. »

Un incident plus sérieux fit arrêter la chaudière des machines frigorifiques : le ciel de cette chaudière s'était boursouflé, puis affaissé jusqu'à la grille. Pendant la réparation, la température de la cale à viande remonta seulement à 6°, et aucune trace d'altération ne fut constatée.

Même succès pour la bonification du vin par l'action du froid. Le fait mérite d'être conté.

Tellier prétendait que le froid bonifie les vins et les liqueurs. Il est certain qu'une basse température précipite les sels en excès dans le vin et les bactéries, qu'elle transforme en glaçons l'eau qui se trouve aussi en excès. Le résultat est une énergique concentration qui donne plus de valeur et plus de saveur au liquide ainsi traité.

Tellier en fit à Lisbonne une expérience concluante et peu banale. Invité à dîner chez le Comte X..., grand et aimable propriétaire, on lui servit du vin du pays. Son hôte lui demanda comment il trouvait le produit de son vignoble.

Tellier le déclara bon, mais constata une certaine amertume que, à son avis, le froid ferait disparaître.

Il fut convenu que quelques bouteilles seraient envoyées à bord et qu'à huit jours de là le Comte viendrait déjeuner et déguster son vin traité frigorifiquement.

Au jour dit, le propriétaire ne voulut pas reconnaître le fruit de ses vignes, prétendant que Tellier lui offrait du vin de France. Il le quitta en riant et lui dit : « Oh, vous autres Français, vous aimez les farces, c'en est une que vous m'avez jouée. »

Le vin avait été tellement bonifié par le froid que son propriétaire ne pouvait le reconnaître !

Les autres faits marquants du séjour à Lisbonne furent également heureux : la visite du Consul de France, puis celle du premier secrétaire d'ambassade et d'une délégation de l'Académie des Sciences du Portugal, et enfin une audience du roi Don Luiz.

Tellier, toujours exact, se trouva en retard au jour fixé. Sa Majesté voulut bien interrompre le Conseil de cabinet pour recevoir les Français du *Frigorifique*. Le roi parlant bien notre langue, l'entretien fut des plus intéressants.

Malheureusement notre homme de science, « peu habitué à être reçu par des têtes couron-

« nées », commit une faute contre l'étiquette. Elle n'eut d'autre conséquence que d'amuser le Souverain : Voyant la conversation languir, il salua le roi, croyant le moment venu de prendre congé. Le chargé d'affaires, naturellement très ferré sur le protocole, le retint, lui disant à demi-voix qu'on ne se retirait pas avant que le roi mette lui-même un terme à l'audience. « Je « m'excusai de mon mieux. Nouvelle gaffe. Très « aimablement le roi dit : que les travailleurs « n'étaient pas forcés de connaître l'étiquette des « cours. Et la conversation continua sur un ton « encore plus affable. »

A la fin réelle de l'audience, Tellier se retira à reculons, comme il convient; mais, dans cette marche peu habituelle, il faillit briser un vase de Chine placé derrière lui...

L'accueil fait à Lisbonne fut malheureusement assombri par la nouvelle des intrigues qui se manigançaient à Paris au sein de la Société d'exploitation.

Tellier eut le courage d'expédier le *Frigorifique* et de retourner seul en France. On s'arrachait les actions qui, vu le succès de l'entreprise, avaient atteint 5000 francs. A l'Assemblée générale qui suivit de près son arrivée, notre inventeur dut donner sa démission de directeur de la

Société. « C'est toujours l'éternelle histoire de « ceux qui se dressent pour s'emparer du fruit « quand il paraît mûr (1). »

L'insuccès d'ordre financier fut heureusement compensé par le succès scientifique.

En Amérique, le steamer était attendu avec impatience. Les journaux l'annonçaient plusieurs semaines avant son arrivée et — chose curieuse — considéraient déjà les résultats comme acquis.

L'un d'eux, en novembre, écrivait ces lignes : « La réussite de l'entreprise du *Frigorifique* aura pour résultat : la création définitive d'une grande industrie qui, en même temps qu'elle sera lucrative pour les entrepreneurs, permettra à toute une classe du peuple français de se nourrir de viande excellente, à un prix excessivement bon marché, en proportion à celui qu'elle vaut en Europe ; et l'exportation sûre et constante du bétail de la République Argentine (2). »

Le journaliste faisait en quelque sorte écho aux généreux sentiments de l'inventeur lui-même, qui jusqu'à la fin de sa carrière répétera sans cesse qu'il a recherché, avant tout, le moyen pratique de « donner la nourriture à tous...

(1) *Le Frigorifique*, p. 304.
(2) *L'Opinion nationale de Rosario*, 22 nov. 1876.

c'est-à-dire la force et le courage ». « Ce sont ces qualités qui font : dans le civil, les hommes d'élite, travailleurs ou intellectuels; dans les armées, les soutiens les plus précieux. En tout cas, la fortune et la sécurité de la Nation. Donc, par tous moyens sûrs, nourrissons nos compatriotes. Ce ne sera pas seulement un acte de vertu, mais un moyen de grandir la Nation et d'affirmer sa valeur (1). »

Le *Frigorifique* avait touché Dakar et Rio de Janeiro, il arrivait enfin à Montevideo, capitale de la république de l'Uruguay. Les voyageurs furent très satisfaits de l'accueil qu'ils reçurent en cette ville, tant de la part des autorités que de la part des particuliers.

Un banquet d'épreuve eut lieu, trois jours après l'arrivée, à bord du *Frigorifique*.

Le menu fut le suivant :

Filet de bœuf froid de 105 jours ;

Côtes de mouton à la jardinière, du même temps ;

Chateaubriand aux truffes du Périgord, embarqué à Lisbonne, 55 jours auparavant ;

Bœuf à la broche, également de 105 jours.

(1) *La conservation de la viande*, p. 61.

Les vingt-deux personnes qui étaient à table trouvèrent les viandes aussi fraîches, aussi juteuses et savoureuses que celles que l'on peut acheter tous les jours au marché.

L'allégresse la plus franche régnait à bord.

Le lendemain, le navire se rendit au port de Campana pour être réparé, puis il fut dirigé sur Buenos-Ayres, terme de son voyage.

Pendant cette dernière étape le vapeur se trouva deux fois en péril : il faillit se perdre et il fut sur le point de sombrer. A cause du mauvais temps, deux des machines destinées à conserver le froid dans sa cale se dérangèrent (1), et la machine motrice elle-même eut de sérieuses avaries. L'équipage passa une nuit entière en travaux les plus durs.

Enfin le jour de Noël, le *Frigorifique* arriva à Buenos-Ayres.

Un ordre du Ministère de la Guerre l'attendait. Il fut accueilli par l'enthousiasme général. Tous les journaux de la République Argentine et de l'Uruguay magnifièrent l'entreprise.

Charles Tellier reproduisit dans plusieurs de ses ouvrages un grand nombre d'articles parus à cette époque. Il en était justement fier et pour

(1) *El Porteno de Buenos-Ayres*, 26 déc. 1876.

ses actionnaires de la Société fondatrice il publia même, au début de 1877, ces « documents relatifs à l'arrivée du *Frigorifique* dans les eaux de la Plata (1) ». Une vingtaine d'articles ou d'extraits, émanant des journaux de Buenos-Ayres, Montevideo et Rosario, constituent le plus bel éloge spontané que les promoteurs pouvaient désirer.

Ils saluaient, dans l'heureux inventeur, « un bienfaiteur de l'humanité et un grand auxiliaire » de leur première industrie « qui peut-être, disaient-ils, deviendra notre industrie unique (2) ».

« Hurra! Mille fois hurra pour les révolutions de la science et du capital! L'aurore d'un jour nouveau naît pour la Plata (3). »

« L'invention merveilleuse à laquelle la République Argentine devra sa richesse, sera considérée dans quelques années comme le produit d'une idée logique et naturelle ; peu de personnes se souviendront de l'homme de génie qui aura été la première cause de la fortune publique. L'humanité est ingrate et égoïste, il faut

(1) *Communication aux actionnaires de la société fondatrice*, p. 5 à 70.
(2) *Le National de Buenos-Ayres*, 3 janv. 1877.
(3) *La Liberté de Buenos-Ayres*, 28 déc. 1876.

lui rappeler ses devoirs, et l'*Industriel*, en saluant le *Frigorifique*, appelle l'attention de la nation entière sur le savant M. Tellier, il mérite bien l'admiration de tout l'univers (1). »

Ne pourrait-on pas appeler cet article prophétique? Quelle extraordinaire intuition a eue le signataire de ces lignes, alors que Tellier était au comble de la joie et des honneurs! Je dis des honneurs parce qu'à cet homme modeste l'hommage des Argentins, de leurs notabilités et de leur presse était le gage le plus honorifique qu'il avait jamais ambitionné.

Il avait réussi la grande épreuve, c'était suffisant. Il était heureux.

Que l'humanité soit « ingrate et égoïste », nous ne le savons que trop et la suite de cette biographie l'exposera amplement.

Dès le lendemain de leur arrivée dans la capitale de l'Argentine, les passagers du *Frigorifique* reprirent leur aplomb et envoyèrent des invitations aux principales corporations de la ville.

« On fit sortir à l'air, pour les examiner, les viandes de Rouen, de Lisbonne et de Dakar, qui devaient servir pour le déjeuner (2). »

(1) *L'Industriel de Buenos-Ayres* (organe du club industriel), 1er janv. 1877.

(2) *Le National de Buenos-Ayres*, 28 déc. 1876.

Les convives furent aussi satisfaits des résultats obtenus que ceux de Montevideo.

Un journaliste raconte qu'un de ses amis se présenta à la Bourse du Commerce avec une assiette à la main, et sur cette assiette un morceau de viande du *Frigorifique*. Tout le monde voulut le voir et le flairer au point qu' « il ne put se défendre qu'avec beaucoup de peine contre les canifs qui surgissaient de tous les pouces, avec l'intention d'en séparer une parcelle pour goûter (1) ».

Enfin une grande marche (pas redoublé), intitulée *le Frigorifique* et dédiée à Tellier, fut composée par M. Soinsvilliez et exécutée par la musique des Vigilants (2).

L'*Industriel de Buenos-Ayres* (3) lança un appel pour qu'on offrît au navire français une cargaison de viande qu'il rapporterait en Europe.

Il espérait même qu'entre Buenos-Ayres et Entre-Rios, le *Frigorifique* recevrait plus que son chargement, qui était de 750 têtes.

Le gouvernement argentin s'inscrivit pour une somme de 5.000 francs, des éleveurs de Santa-Fé offrirent 200 bêtes à cornes, l'Association rurale

(1) *Le National de Buenos-Ayres*, 28 déc. 1876.
(2) *Courrier de la Plata*, 5 janv. 1877.
(3) *L'Industriel de Buenos-Ayres*, 1er janv. 1877.

de l'Uruguay ouvrit une souscription et, à son tour, invita les producteurs à donner de jeunes taureaux.

De fait, « chacun tint à honneur de figurer sur la liste des affréteurs du premier chargement de viande fraîche » expédiée au Vieux Continent (1).

Le *Frigorifique* revint donc au point de départ en faisant escale à Dakar et en croisant en mer l'escadre française de l'Atlantique. Il rentra en Seine et aborda Rouen en juillet 1877 après 110 jours de traversée.

Il rapportait dans ses flancs 21 tonnes de viande de bœuf et de mouton de la province de Buenos-Ayres. Ces produits, aussi bien conservés que ceux qui firent le premier voyage, furent distribués de tous côtés. De Rouen, ils vinrent à Paris, et Tellier en envoya même dans les Basses-Pyrénées.

Après seize années de travail assidu, Tellier recevait donc une récompense bien méritée, celle de se voir reconnaître en Amérique la priorité industrielle. Le succès obtenu venait de démontrer d'une manière irréfragable qu'il avait, le premier, transporté à 2.500 lieues des denrées aussi périssables que la viande, et qu'après avoir

(1) *Le Courrier de la Plata*, 6 janv. 1877.

passé dans la soute d'un navire, les unes 105 jours, les autres 110 jours, ces viandes se trouvaient dans un état parfait de conservation.

Comme Charles Lindberg le fit en 1927 par la voie des airs, Charles Tellier franchit du premier coup tous les obstacles et atteignit le but d'un seul bond !

Après l'odyssée du *Frigorifique*, il nous reste à narrer sa fin.

D'abord immobilisé à Rouen, le bateau remonta bientôt la Seine, jusqu'à Paris, pour prendre part à l'Exposition Universelle de 1878.

Ce fut, cela va sans dire, une attraction appréciée.

Tellier en profita pour continuer publiquement sa démonstration.

Quand on sait qu'il avait donné à un ami un morceau de filet conservé trois mois et que ce dernier s'en était longtemps servi de presse-papier, on ne s'étonne pas de le voir alors attacher à la corne de son cher bateau « un demi-mouton ayant séjourné un mois dans la cale froide. Il est resté *nuit et jour* exposé, écrit-il, pendant quatre mois, à la pluie, au vent, à la chaleur, en un mot à toutes les fluctuations extérieures, et ce, sans se putréfier (1) ».

(1) *Le Frigorifique*, p. 209.

Un dimanche, il y avait foule de visiteurs à bord. Tellier, un peu fatigué d'avoir causé avec beaucoup d'entre eux, se reposait sur la dunette. Un monsieur vint s'asseoir à son côté. L'incognito joue souvent des tours pendables, comme nous allons voir.

L'inconnu entreprit le savant. Enchanté de sa visite, il expliqua les machines qu'il venait de voir, cherchant à mettre à la portée de son voisin ce qui l'avait frappé. Évidemment le dit voisin buvait du lait.

Quand il eut bien péroré : « Savez-vous, Mon« sieur, dit-il, ce qu'il faudrait faire maintenant « de l'inventeur? — Non. — Eh bien, son rôle « est fini. Il faudrait lui lier les bras et les jam« bes et le jeter à l'eau. »

Sur ce, Tellier, trouvant le procédé un peu vif, se leva, lui disant qu'il ne pouvait complètement partager sa manière de penser.

Il est certain que semblable sottise ne doit pas faire plaisir.....

Par contre, les compliments d'un homme simple et sincère lui allèrent droit au cœur. Il raconte qu'un soir d'août, revenant des Champs-Élysées à Auteuil en voiture découverte, son cocher lui fit l'éloge du *Frigorifique* en passant devant le bateau.

Se retournant spontanément vers son client, le brave homme lui avait demandé s'il le connaissait, et Tellier de répondre machinalement qu'il en avait entendu parler. Le cocher lui fit presque des reproches, lui disant que c'était chose à voir, qu'il y avait grand intérêt à ce que l'œuvre fût appréciée. Arrivé rue Félicien-David, Tellier, en lui remettant un bon pourboire, lui glissa dans la main une dizaine de cartes pour visiter le *Frigorifique*.

— Mais, vous le connaissez donc? lui dit l'homme stupéfait.

— Parbleu, c'est moi qui l'ai fait.

Après avoir figuré à l'Exposition, le rôle du *Frigorifique* était terminé, n'ayant été aménagé que pour une seule expérience. Il avait été à la peine et à la gloire.

Il fut alors vendu et attaché à un service de marchandises entre Rouen et Bordeaux. Tellier fit remarquer toutefois que, s'il avait pu le faire, il l'eût conservé « comme un vieux compagnon » ; car, dit-il, « il était devenu une partie de moi-« même... Je lui avais consacré, dans sa nouvelle « destination, toutes les aspirations de mon être. « J'en avais fait ma chose. »

Ainsi les hommes les plus pratiques et les plus intelligents s'attachent aux instruments de leurs travaux et, ces derniers devenus inutiles, ils voudraient les garder auprès d'eux parce qu'ils sont les enfants de leur labeur et de leurs soucis, les glorieux témoins du succès de leurs idées.

Ce n'est pas sans mélancolie, comme bien on le pense, que l'inventeur apprit, le 19 mars 1884, que son cher navire avait été abordé par un vapeur anglais, au milieu d'un intense brouillard, dans le Golfe de Gascogne. L'équipage sauta précipitamment à bord du *Brummey*, le navire abordeur, mais ne fit ni stopper la machine, ni redresser la roue du gouvernail. Dans un effort suprême, le *Frigorifique* se dégagea lui-même, disparut dans la brume et fit un tour complet. Mais dans cette évolution rapide, avant qu'on eût le temps de faire aucune manœuvre sur le *Brummey*, celui-ci était à son tour abordé par la hanche tribord. Il coula presque immédiatement.

Fort heureusement, les équipages purent se sauver dans les chaloupes, et le *Frigorifique* continua à décrire des cercles dans le brouillard...

Les deux navires furent engloutis l'un près de l'autre.

Tel fut le triste sort de ce glorieux navire.

La traversée de l'Atlantique par le *Frigorifique* constitue un événement capital de l'industrie du froid. Cette preuve palpable et décisive de la conservation des denrées alimentaires domine toute l'histoire de cette industrie.

L'expérience échoua financièrement, il est vrai, mais elle réussit scientifiquement. C'était le principal. Elle a déclenché tout le mouvement industriel qui va de 1877 à 1908 et qui aboutit au premier congrès international du froid. Personne n'avait oublié l'expérience concluante de Tellier, elle avait jeté la lumière indispensable sur le fameux problème : industriels et techniciens frigoristes s'unirent alors dans une unanimité spontanée pour reconnaître en Tellier le *père de l'industrie du froid.*

VII

DERNIERS SUCCÈS

VII

DERNIERS SUCCÈS

Jusqu'en 1895, Charles Tellier ne reçut, en France, aucune récompense honorifique ou pécuniaire.

Seul le roi de Portugal, qui l'avait reçu à Lisbonne en 1876, lui avait décerné une décoration. Il était depuis cette mémorable audience chevalier de l'ordre de Santiago.

Son pays, qui l'avait fêté au départ du « *Frigorifique* », n'appliqua pas le premier ses méthodes, il est vrai, mais il faut aussi reconnaître qu'il n'a pas pour cela méconnu la valeur de ses découvertes.

Le rapport de M. Bouley à l'Académie des Sciences en est la preuve.

A cette époque (1874) la Commission, dont nous avons parlé, avait bien demandé pour lui une récompense académique, mais la docte Société ne la lui accorda pas.

Ce n'est qu'en 1895 que la Société d'encouragement pour l'industrie nationale reconnut par un prix de mille francs l'originalité de ses travaux sur la stérilisation de l'eau potable. Le Père du Froid fut donc en premier lieu récompensé pour avoir utilisé la Chaleur.....

Enfin, le 18 décembre 1911, l'Académie des Sciences lui donna une nouvelle preuve de l'estime en laquelle elle l'avait toujours tenu, en lui décernant deux de ses prix généraux, dont celui que fonda le baron de Joest.

Les rapporteurs, MM. d'Arsonval et Tisserand, ne craignirent pas de faire savoir à leurs confrères que Tellier, par ses inlassables recherches, avait « perdu sa fortune et la tranquillité de sa vieillesse », et qu'il convenait de « reconnaître publiquement les services rendus par l'homme dont les mémorables découvertes ont contribué à créer l'une des grandes industries qui font honneur à l'initiative et au génie français (1) ».

Deux ans plus tard, Tellier recevait la Légion d'honneur, et, comme nous allons le voir, un banquet splendide lui fut offert à cette occasion.

(1) *Comptes rendus de l'Académie des Sciences*, t. 153, p. 1388.

Il était temps. Le digne vieillard touchait au terme de ses jours.

Tels sont les derniers succès qu'annonce le titre du présent chapitre et auxquels il convient d'ajouter les dernières applications du froid artificiel que le savant réalisa et les projets de cette ultime période de sa vie, qui, sans avoir toujours abouti, ont été souvent à l'origine des progrès industriels et des inventions modernes dont notre siècle est justement fier.

On a attribué à Brouardel le refroidissement de *la Morgue*.

C'est en réalité Charles Tellier qui eut cette idée lorsque en 1876 son père, voyant les résultats qu'il avait obtenus par le froid, attira son attention sur les épaves humaines, échouant à la Morgue.

La Préfecture le mit en rapport avec le Docteur Devergie, qui, lui, le repoussa.

Mais deux ans plus tard le Docteur Brouardel, qui s'était déjà fait un nom dans la science, vint inviter Tellier à reprendre son projet. Il le fit.

« J'appris alors, écrit-il, que des personnes sans précédents sérieux étaient venues sur mes brisées et que, manœuvrant dans l'ombre, elles étaient sur le point de me supplanter. » Brouardel l'avait lâché, comme on dit vulgairement. Et pourtant ce savant médecin était convaincu. Maintes fois il était venu à bord du *Frigorifique* pendant son séjour à Paris. Il avait prélevé sur les bœufs des fragments de moelle épinière, s'extasiant sur le fait qu'il n'y trouvait aucune trace de décomposition malgré la durée de conservation.

A Tellier, qui le remerciait de l'attention qu'il donnait à ses recherches, il avait déclaré simplement : « Je n'ai fait que ce que je devais, attendu que vous êtes le seul ayant traité la question. J'ai visité l'Europe, et je n'ai rien trouvé de semblable à vos travaux. » Mais Tellier n'entendit plus parler de rien.

Réagissant alors contre ce décevant silence, notre inventeur écrivit — c'était en 1880 — trois petites brochures intitulées :

Lettre à Monsieur le Préfet de la Seine sur l'installation frigorifique de la Morgue.

Une fois de plus le promoteur d'une idée féconde en résultats pratiques était évincé, au moment de réaliser son œuvre, et les bénéfices de l'entreprise allèrent à d'autres.

Son initiative du moins a été très utile au progrès, puisque non seulement en France, mais dans plusieurs capitales de l'Europe, cette installation était déjà exécutée de son vivant.

Aujourd'hui l'Institut médico-légal de Paris, inauguré le 1er mars 1923 sur le quai de la Rapée, possède en sous-sol deux machines frigorifiques qui fonctionnent tous les jours de 7 à 15 heures.

Elles refroidissent environ une cinquantaine de corps et les pièces anatomiques provenant des autopsies.

Lorsqu'un corps arrive, il est photographié et soumis aux mensurations judiciaires, puis conservé à 0° jusqu'à l'autopsie. Lorsque cette opération est terminée, le corps est congelé à 5° au-dessous de zéro, quelquefois même jusqu'à 10°, en vue de prévenir la perdition.

A la même époque, Tellier eut l'occasion d'expérimenter des conserves frigorifiques de denrées alimentaires en grandes quantités. Il était en effet de plus en plus connu, et de nombreux commerçants flairaient en ce procédé nouveau une manière très opportune d'emmagasiner certains produits sans craindre la fermentation.

On lui proposa de conserver des *pêches*.

Dès le début de ses travaux, Tellier avait fait cette expérience et l'avait soumise à l'examen de la Société d'Horticulture. Mais il s'était borné à une simple démonstration.

Il accepta.

Le quidam qui lui avait fait la demande apporta 5000 pêches!..

Tellier n'avait rien préparé. Il lui fallut, le jour même, installer les 5000 pêches et les réfrigérer. Néanmoins la conservation se fit bien. Vers la fin de décembre, on offrit au revendeur trois francs par pêche. Il les avait achetées 35 centimes. Notre inventeur l'engagea à s'en défaire.

« — Non, répondit-il, il n'en sortira pas une à moins de cinq francs! »

En février, l'homme s'entendit avec l'administrateur de l'Hippodrome de Murcie, en Espagne, où une grande fête devait avoir lieu au profit des malheureux habitants de cette cité, victimes des inondations.

Cette fois le trop grand froid nuit à la conservation : les pêches furent emportées puis déposées dans un local où la température tomba à 10° au-dessous de zéro! Tous les fuits furent gelés. Personne n'en voulut.

Une déconvenue analogue, indépendante de la conservation frigorifique, lui arriva avec du *poisson* vers la même époque.

Un fournisseur de pensions et communautés fit des essais dans les ateliers du savant pendant deux mois. Satisfait des résultats, il lui annonça un jour qu'il apporterait « un peu plus de poisson ». Tellier pensait recevoir le double ou le triple des quantités sur lesquelles ils opéraient, soit 2 à 300 kilogrammes. Un beau matin notre homme arriva, sans prévenir, avec deux voitures chargées de harengs. Il y en avait près de 10.000 kilogrammes.

Tellier entassa toutefois paniers sur paniers et logea le tout dans la chambre froide. Le poissonnier, enchanté de la conservation, voulut profiter d'une tempête en mer qui rendait les arrivages plus rares et le poisson plus cher. Il fit porter sa marchandise aux Halles, et les camionneurs s'empressèrent de dire que le poisson venait d'Auteuil, où on l'avait gardé trois semaines. L'effet prévu par Tellier fut complet. Personne ne voulut en acheter.

Ces deux exemples typiques font aisément comprendre le discrédit immérité dont le froid fut alors victime. Les commerçants ayant toujours intérêt à cacher leur maladresse lorsque semblable difficulté survient, c'est au procédé qu'on s'en prend.

En 1908, deux hommes de haute valeur, MM. André Lebon et de Loverdo, qui étaient des amis de Tellier, eurent l'idée d'unir leurs efforts en organisant à Paris un *Congrès frigorifique*. A force de démarches et d'instances, ils obtinrent la Sorbonne, et le Congrès fut ouvert par le Ministre de l'Agriculture le 5 octobre 1908. Trois mille cinq cents adhérents répondirent à l'appel. Les travaux produits dans cette session remplissent trois volumes de 2.800 pages.

Tellier salua avec joie cette heureuse impulsion, d'où sortit le mouvement grandiose qui unit désormais tous les efforts particuliers et qui fit prendre au froid et à ses applications la place qu'ils doivent occuper dans la science appliquée.

Une association internationale fut fondée, un périodique : *La revue générale du froid*, fut créé par l'Association française du Froid.

N'était-ce pas un triomphe pour celui qui craignait ne pas vivre assez pour voir de semblables manifestations se produire ?

A la même époque, notre savant avait aussi la consolation d'apprendre que deux grandes écoles venaient d'inaugurer des cours de froid, le premier à l'école d'aéronautique, fondée par M. Roche, et le second au Conservatoire des Arts et Métiers.

Il n'est sans doute pas inutile de citer, à titre d'exemple, quelques-unes des idées soumises par

Tellier à ce premier Congrès international du Froid. Nous les trouvons exposées dans la note qu'il rédigea à cette occasion (1).

Pour éviter les accidents souvent mortels que produisent *les poudres* sur les navires de guerre, il proposait d'abord de lutter par l'énergie du froid et par une ventilation modérée contre la dissociation moléculaire et l'accumulation des vapeurs produites spontanément.

Après la sécurité du soldat, il songeait à sa nourriture, qui est « *d'ordre absolument supérieur* ». « Malheureusement, dit-il, c'est l'inverse qui subsiste, et les faits qui se sont produits dernièrement montrent que ce souci est relégué au dernier plan. » Pour avoir de la bonne viande et à bon marché, il faut que l'abatage se fasse dans les pays de production et, par conséquent, que la viande soit conservée jusqu'aux centres de consommation.

Quant aux légumes, pommes de terre, choux, etc....., objets de l'alimentation la plus ordinaire, les expériences prouvent que le froid les conserve admirablement. Il a pu amener jusqu'à l'été et au-delà des pommes de terre en état sain, supérieures comme goût et valeur nutritive aux

(1) Les applications du froid dans le commerce et l'industrie, 10, rue Denis-Poisson, Paris.

pommes de terre hâtives, qu'on s'efforce d'apporter sur les marchés. Les fleurs, les oignons de jonquille, les vers à soie, les œufs de saumon, les vins, tout fait pour lui l'objet d'une étude particulière et méthodique. Il n'y a pas pour un homme de science de petits problèmes sans intérêt, quand il s'agit de prouver la vérité de ses découvertes, et on aurait mauvaise grâce à le reprocher à Tellier, qui a d'abord recherché la sécurité de nos marins et l'hygiène alimentaire de nos hommes de troupe. Pensée éminemment charitable et patriotique.

A l'issue de ce congrès, M. Lebon, président, et M. de Loverdo, secrétaire général, présentèrent Tellier pour la Légion d'honneur et lancèrent l'idée d'une souscription internationale ouverte en sa faveur. M. Georges A. Le Roy, secrétaire du comité de Seine-Inférieure, de son côté, fit voter ce vœu :

« Que le congrès international..... reconnaisse et sanctionne publiquement les droits de l'ingénieur français Charles Tellier, initiateur du froid industriel, à la reconnaissance des Nations. »

Et Tellier eut au moins cette consolation de s'entendre proclamer dans le grand amphithéâtre de la Sorbonne, aux applaudissements unanimes des délégués les plus autorisés du monde entier et de 6.000 congressistes, le *Père du Froid*.

C'est le titre original que notre savant conservera toujours et que jamais aucun inventeur ne voudra revendiquer.

Il lui est bien personnel et il résume admirablement le rôle de promoteur qu'il remplit en faveur de l'industrie mondiale.

Le « Journal de l'Association française du froid (1) », en son premier numéro (juin 1909) rappela qu'au mois d'octobre précédent, lors du 1er congrès international, on avait rendu hommage à l'inventeur et on avait fort admiré sa verte vieillesse. Tellier était le plus âgé des congressistes. M. A. Lebon, dans son discours d'inauguration, l'avait appelé un des pionniers de l'industrie du froid. Le rédacteur ajoutait : « Tellier a toujours été un de ces inventeurs pour qui les préoccupations matérielles n'existent pas et qui sèment l'idée sans s'inquiéter de savoir qui fera la moisson. A l'heure présente, ayant conservé

(1) Ce périodique, deux mois plus tard, changeait de nom pour devenir ce qu'il est encore aujourd'hui : *la Revue Générale du Froid* (Paris, 9, Avenue Carnot).

C'est grâce à la complaisance de M. Barrier, le très estimé directeur de cette revue, que nous avons pu retrouver certains documents particulièrement intéressants.

Nous tenons à l'en remercier publiquement et à le féliciter du succès si considérable de l'Association et de son journal.

la plénitude de toutes ses facultés, il cherche encore, et c'est une nouvelle invention qui a tous ses soucis. »

M. Ruau, Ministre de l'Agriculture, accorda « à titre tout à fait exceptionnel » une allocation de cent francs. M. Carl Von Linde, de Munich, le savant ingénieur qui avait proposé d'ouvrir une souscription, envoya 1.000 francs ; M. Georges Claude, 100 francs; etc..... En fin d'année, la souscription atteignait 4.249 fr. 80 (1). Après la Manifestation de 1913 le Comité d'action disposa d'une somme de 99.538 francs. Il décida de réserver à M. Charles Tellier fils l'usufruit des arrérages de ce capital (2).

Le deuxième congrès international du froid se tint à Vienne (Autriche) du 6 au 12 octobre 1910.

Tellier rédigea pour ce congrès un rapport sur « le froid sans combustible et ses conséquences ».

Il se défend de prétendre se passer de chaleur. « Semblable prétention, dit-il, serait évidemment en dehors de la logique » ; mais il demande pour quelles raisons on n'utiliserait pas la chaleur que dégagent la compression et la liquéfaction

(1) *Revue générale du froid*, 1er décembre 1909, p. 330.

(2) Procès-verbal de la réunion du Comité d'action de la Manifestation internationale en faveur de Charles Tellier du 13 mars 1914.

des gaz employés dans les appareils frigorifiques.

Il restait à savoir si ce calorique était suffisant pour remplacer le charbon consommé et si l'on pouvait y associer le calorique qui se trouve si abondamment dans la nature, par exemple dans les eaux qui offrent des températures de 0 à 30° (1).

Au début de l'année 1912, Tellier fut promu chevalier de la Légion d'honneur.

Le 13 février, M. Le Roy, membre de l'association française du Froid, exposa au conseil de cette Société le projet de manifestation grandiose qu'il avait conçu. Il s'agissait de fêter les 84 années de Tellier et d'organiser une souscription internationale en vue de faire frapper à la Monnaie une médaille commémorative reproduisant les traits du « Père du Froid » et le « Frigorifique ».

Au cours d'un banquet organisé à Paris, la médaille serait remise au savant et M. d'Arsonval lui ferait l'investiture de la croix de la Légion d'honneur.

Un comité d'honneur et un comité d'action furent constitués, une lettre d'appel et une notice biographique furent lancées dans les Deux Mon-

(1) Bericht über den II internationalen Kältekongress. Band II, p. 15.

des. En Argentine, une « Commission nationale pro-Tellier » fut également créée et publia un bel hommage au « Père du Froid ».

Mais un douloureux événement ajourna la manifestation dont le succès s'annonçait éclatant. Tellier fut frappé dans sa plus chère affection familiale. Le 19 août 1912, une mort prématurée enlevait à 55 ans la compagne dévouée de sa vie et le réconfort de ses vieux ans.

Le banquet eut lieu à Paris le 15 février 1913, dans la grande salle des fêtes du « Grand Hôtel ». Banquet original, s'il en fut; et tout à fait unique en son genre. « D'énormes blocs de glace transparente, incluant à l'intérieur de jolis bouquets de fleurs naturelles », étaient éclairés « au moyen de lampes à incandescence colorées, dont la lumière se réfractait en irisations polychromes à travers chaque bloc, émergeant hors une garniture de plantes vertes. L'effet décoratif ainsi réalisé était réellement féerique (1). »

Le menu, d'autre part, était composé de mets exclusivement préparés avec des produits traités par le froid et offerts par les négociants et im-

(1) Cette description est empruntée au livre d'or intitulé « A la gloire de Charles Tellier, père du Froid » édité en juillet 1913 par les soins du Comité d'action et offert à tous les convives, en même temps que la médaille en bronze du statuaire russe, Léopold Bernstamm.

portateurs frigoristes. Le saumon de l'Alaska voisinait avec les œufs chinois et le gigot de mouton de Nouvelle-Zélande. Un aloyau de l'Argentine précédait le renne de Norvège et le « poulet de Russie, flanqué de gelinottes de Sibérie ». Des pommes de Californie et des raisins du Cap figuraient parmi une grande variété de fruits réfrigérés.

Parmi les discours qui furent prononcés en ce jour mémorable et dont le « compte-rendu officiel » nous a heureusement conservé le souvenir, celui de M. d'Arsonval tient une place d'honneur : la noblesse de la forme rivalise avec la générosité des sentiments.

« Nous fêtons en Tellier, dit-il, *l'homme qui est, à la fois, le plus conservateur et le plus révolutionnaire* : conservateur par le froid, de tout ce qui est périssable ; révolutionnaire, puisqu'il résout en même temps ce grand problème social : la vie large et bon marché pour tous. »

Ce jour glorieux fut un grand acte de justice.

Plus d'un demi-siècle avait été nécessaire pour qu'on reconnût le progrès gigantesque que ce vieillard, inventeur génial et novateur hardi, avait réalisé au profit de la civilisation mondiale.

Il était bien juste qu'il reçût enfin la récompense de ses longs efforts et de son labeur persévérant.

Il était bien temps de le faire, puisque quelques mois plus tard sa vie terrestre devait s'achever après une très brève maladie.

En cette même année 1913 enfin, la ville de Rouen décida d'apposer une plaque commémorative sur ses quais afin de rappeler le souvenir du départ du *Frigorifique* le 20 septembre 1876.

Tel devait être le dernier hommage rendu à Tellier de son vivant.

A 85 ans le savant montait encore allègrement à l'impériale des tramways, faisant l'admiration des receveurs qui le connaissaient bien sur la ligne Boulogne-Madeleine. Profitant des beaux jours du début de l'automne 1913, il se rendait fréquemment à Boulogne après midi. On sait que ce tramway à air comprimé fut le dernier qui fut électrifié par l'ancienne Compagnie Générale des Omnibus.

Or le dimanche 5 octobre, Tellier assiste à la grand'messe de son église paroissiale, Notre-Dame d'Auteuil. Au retour il se trouve indisposé.

Le docteur Malhéné, ami de la famille depuis quarante ans, dont le souvenir se conserve encore dans le quartier où il exerça avec tant de dévouement, est appelé le lendemain. Une religieuse d'une communauté voisine (rue La Fontaine) prodigue ses soins à l'illustre malade.

Ni la science du médecin compétent, ni l'habileté de la Sœur, ni l'empressement de la fidèle gouvernante, ne peuvent triompher du mal.

La semaine qui suit marque un progrès sensible vers la fin.

Le jeudi 16, Tellier reçoit les derniers sacrements par le ministère de M. Paul Charles, alors vicaire de sa paroisse.

Au début de la soirée du samedi, c'est-à-dire une quinzaine d'heures avant sa mort, le savant se couche pour ne plus se relever.

La nuit fut très douloureuse, mais les dernières heures furent calmes.

Le dimanche 19 octobre, vers dix heures du matin, après deux semaines seulement de maladie, Charles Tellier rendait le dernier soupir.

Les obsèques, qui furent célébrées le jeudi 23, furent l'apothéose de sa vie. Elles furent simples comme cet homme de bien les eût souhaitées; mais combien émouvantes!

Bien avant midi, l'immeuble du n° 75 de la la rue d'Auteuil était envahi par les amis et admirateurs du grand disparu, et, auprès de la délégation d'officiers venus rendre les derniers devoirs au chevalier de la Légion d'Honneur, on voyait, au premier rang, le fils du défunt, son beau-frère et le docteur Tariel; le ministre de l'Argentine, Señor Rodriguez Larreta, le premier secrétaire de la Légation et le chancelier; le chef-adjoint du cabinet du ministre des Travaux publics, M. Millolet; le chef-adjoint du cabinet du ministre du Commerce, M. Lopin; puis le le général de La Garenne, l'intendant militaire Defait, directeur au ministère de la Guerre; M. André Lebon, ancien ministre, Président de l'Association française du Froid; le docteur Lefas, le colonel Joly, Maître Boullay; MM. Albert Roze, délégué de la ville d'Amiens; Leroy, représentant le maire de Rouen; le statuaire Léopold Bernstamm, auteur du buste de Tellier; M. Gouault, Secrétaire général de l'Ass. française du froid; une délégation de la Société des Gens de lettres, présidée par M. Georges Lecomte, et de nombreuses personnalités.

Des enfants du Patronage Saint-François-Xavier, dont le fils du défunt s'occupait déjà avec un dévouement qui ne s'est jamais démenti, étaient venus spontanément assister aux obsèques du père de leur grand ami.

L'absoute fut donnée par M. Rivenq, curé de Notre-Dame d'Auteuil, qui rehaussa autant qu'il le put l'éclat de la cérémonie funèbre. Après l'office religieux, le cortège s'achemina vers le vieux cimetière de Passy.

C'est là que depuis 1913 repose la dépouille mortelle du grand savant.

Au bout de l'allée principale, le dixième caveau de gauche appartient à la « famille Tellier ». En 1882, l'inventeur lui-même l'avait orné, pour inhumer son père, d'une grille en fer forgé et d'une statue en pierre.

Une femme assise, le regard au ciel, serre sur son cœur une grande croix, le signe du chrétien. A sa droite, sur une plaque de bronze, le mot *Foi* est gravé; à sa gauche le mot *Espérance*; et sur le socle de pierre la pensée intime de celui qui voulut grouper les membres de sa famille : « *Unis dans la vie, nous avons voulu être réunis dans la mort.* »

ÉPILOGUE

APPENDICES

ÉPILOGUE

Condé-sur-Noireau ne sera plus la seule ville de France qui aura le privilège de posséder un monument élevé à la gloire de Charles Tellier.

La Ville de Paris, sur l'heureuse initiative et les démarches personnelles d'un de ses plus illustres conseillers, M. *Fernand-Laurent*, conseiller général et vice-président du Conseil Municipal, a doté en 1925 le quartier d'Auteuil-Point-du-Jour d'une rue qui porte le nom du grand savant. Elle unit la rue Claude-Terrasse qui conduit à la Porte du Point-du-Jour au boulevard Murat qui longe l'emplacement des anciennes fortifications, aujourd'hui annexées au « Plus grand Paris » (1).

La capitale aura aussi son monument, érigé auprès de la Bourse du Commerce, et l'œuvre d'un artiste de renom M. Ch.-Henri Porquet et de l'architecte M. E. Perney.

(1) Fernand-Laurent, *Du village d'Auteuil au plus grand Paris*. Boivin et Cie, 1925.

Il est dû à l'initiative du *Comité Central des viandes et produits frigorifiés*, qui, deux ans avant le centenaire, a su grouper dans un Comité d'honneur les personnages les plus marquants du monde officiel de l'industrie et du commerce, sans oublier les représentants de la République Argentine, de l'Uruguay et du Brésil (1).

Le monument, apposé sur l'immeuble du n° 12 de la rue de Viarmes, représente « *Le frigorifique* », symbole des conceptions hardies du novateur et le noble visage de Charles Tellier.

Pouvons-nous dire, en terminant, à quels titres nous devons rendre hommage à Charles Tellier et, à l'occasion de son centenaire, nous associer aux touchantes manifestations parisiennes qui dans le monde industriel et commercial ont fait revivre sa glorieuse personnalité ?

A dire vrai et en dépit des termes souvent employés, Tellier ne fut pas un « *inventeur* », au au sens strict du mot. Il ne saurait être comparé à un Ampère, un Pasteur ou un Branly, puisqu'il n'a pas découvert un principe nouveau. Ce n'est rien enlever à la gloire du savant que de faire

(1) Cf. Appendice IV, p. 194.

cette constatation. Cette gloire est assez grande pour se suffire à elle-même.

Le problème du froid domine toute sa vie : il a eu l'idée géniale d'utiliser le froid artificiel pour la conservation des matières organiques, de réaliser industriellement cette conservation et donc de modifier les conditions économiques de l'humanité.

Tellier a déclaré nettement que le but de sa vie était de « lutter constamment pour le progrès », et « cette lutte, ajoute-t-il, m'a mis en contact permanent avec la science ».

Peut-on définir son œuvre d'une façon plus lumineuse?

Il a voulu par « un contact permanent » utiliser la science pour le « progrès », c'est-à-dire pour le bien de l'humanité.

« N'oublions pas, dit-il encore, que l'alimentation est le plus grand besoin, le premier à satisfaire pour chaque peuple. Que, par conséquent, tout ce qui y touche doit être la préoccupation la plus sérieuse de ceux qu'occupe le bien-être public. C'est, en effet, l'alimentation rationnelle, abondante, qui donne aux travailleurs la force utile à la production, celle qui fait la richesse des États. Grandissant la question, comme elle mérite de l'être, disons que c'est elle, enfin, qui constitue la puissance d'une nation (1). »

Ce qui appartient en propre à Tellier, c'est ce rôle bienfaisant, à la fois patriotique et humanitaire, rôle entrevu dans la pleine lucidité de l'esprit, auquel il a consacré sa vie, sa fortune, toute son activité, sans se lasser jamais, sans se décourager en présence des critiques, de la malveillance, des échecs, des difficultés matérielles et morales auxquelles de tout temps sont en butte les « *précurseurs* » et qui, certes, ne lui ont pas été épargnés.

Ce n'est pas trop de dire que Charles Tellier fut en même temps, un *grand Français* et un *bienfaiteur de l'humanité*.

Bon citoyen, l'auguste promoteur du Froid artificiel est, en effet, un illustre exemple du vrai savant français : imaginatif et profond, audacieux et précis, désintéressé et persévérant. Son œuvre décore sa patrie, et ses brillants travaux précurseurs, même ceux que d'autres ont su développer et industrialiser, sont une gloire pour la France.

On a dit avec raison que c'est dans l'adversité que les caractères se montrent vraiment supérieurs. Nous avons vu que la noblesse de carac-

(1) *Le Frigorifique*, p. 230.

tère et la grandeur d'âme de l'infatigable savant se sont particulièrement manifestés dans la lutte inlassable et féconde par laquelle il fit toujours face aux rudes épreuves de la vie.

Tellier a été non seulement un Français génial, mais en vérité un des plus prodigieux parmi les bienfaiteurs de l'humanité tout entière.

N'est-ce pas une œuvre philanthropique de premier ordre que de rechercher sans cesse et de réaliser de grandes améliorations dans la situation économique des classes laborieuses? N'est-ce pas créer une source intarissable de bienfaits pour l'humanité que d'appliquer ses efforts constants à la conservation des matières périssables dont les hommes ont un réel besoin pour vivre et de modifier ainsi la géographie humaine?

L'application de ses principes purement scientifiques à l'industrie a véritablement révolutionné les méthodes, causé des simplifications dont l'hygiène et la sécurité publiques ont été les premiers bénéficiaires.

Bienfaiteur de l'humanité. Tel est le titre dont les générations à venir salueront Tellier. Son image glorieuse sera l'une des premières devant lesquelles nous devrons, nous Français, fiers de celui qui illustra si bien le génie de notre race, nous incliner avec respect et reconnaissance.

APPENDICES

I

DU PATURAGE A LA CUISINE

La viande n'est pas l'unique denrée alimentaire qui ait largement bénéficié de la découverte du froid artificiel, comme le bœuf n'est pas la seule viande qui soit importée, par transport frigorifique, dans nos pays d'Europe; mais il faut reconnaître que la conservation de la viande a été la préoccupation dominante de Charles Tellier et qu'elle demeure, aujourd'hui encore, l'application la plus importante des industries frigorifiques.

Telles sont les raisons pour lesquelles nous avons cru devoir consacrer ce chapitre à la viande frigorifiée, à sa préparation et à son transport.

Hormis notre colonie de Madagascar, dont le cheptel bovin est en voie d'augmentation et d'adaptation au goût français (1), l'Amérique du

(1) *Rapport et vœux du Comité central des viandes et produits frigorifiés* 1927, p. 7.

Sud est la grande productrice des viandes congelées. Elle possède, en effet, de vaste contrées, couvertes de pâturages, et où, la main-d'œuvre étant moins abondante que dans nos pays, c'est l'animal qui est « l'agent manufacturier du sol », donnant le résidu de sa fabrication, c'est-à-dire sa peau, ses os, son lait, son sang, sa viande, et enrichissant lui-même le sol dont il se nourrit par des engrais naturels.

Ces pays ont tellement produit de bétail au siècle dernier, que leurs laines, leurs peaux avaient envahi nos marchés et que la viande était délaissée. « Le prix de la viande d'un mouton entier, disait alors Tellier, se traduit par quelques centimes, on va même, dans quelques endroits, jusqu'à s'en servir comme de combustible, pour faire fondre la graisse que fournissent les animaux (1). »

Aujourd'hui les Républiques d'Argentine, d'Uruguay et de Paraguay rivalisent d'activité dans la production, avec cette seule différence que les prairies sont beaucoup plus chères en ces deux premiers pays qu'au Paraguay. Une lieue carrée de 1875 hectares, qui en ce dernier coûte de 25 à 50.000 francs, atteint, en certaines régions

(1) *La vie à bon marché*, 1880.

de l'Argentine et de l'Uruguay, un million de francs (1).

Le Docteur Laure, auquel nous emprunterons largement dans les données qui vont suivre, a eu l'heureuse initiative de vulgariser cette conservation frigorifique des viandes dans un ouvrage récent (2).

A tous ceux qui s'intéressent à cette branche de la science et du commerce contemporain, producteurs et consommateurs, nous recommandons vivement la lecture de cette précieuse publication, qui est, à l'heure actuelle, la plus exacte synthèse que l'on puisse trouver en librairie.

Il est aisé de suivre dans cet ouvrage, quitte à modifier quelquefois l'ordonnance des matières, toutes les opérations que subit un animal depuis le pâturage où paisiblement il se nourrit d'herbe tendre, jusqu'à son arrivée à la cuisine où les derniers préparatifs le rendent digne de paraître sur notre table.

Visitons, par exemple, une des plus modernes usines frigorifiques de l'Argentine.

Soit un bœuf de deux ou trois ans, élevé en plein air jour et nuit, toute l'année, avec cent ou deux cent mille compagnons de même espèce.

(1) *Le Paraguay*, par Cecilio Baez. Alcan, 1927, p. 109.
(2) *La viande frigorifiée*, par le Dr Laure. Alcan, 1927.

Un frigorifique passe un marché avec l'éleveur, les têtes de bétail achetées font à petites étapes le chemin qui conduit à la gare de chemin de fer la plus rapprochée. Des wagons spéciaux les attendent, puis les dirigent vers les *parcs à bestiaux* qui entourent l'usine. Première visite médicale. Le bœuf est-il malade ou seulement fatigué par le voyage, le vétérinaire prescrit le repos nécessaire. L'animal demeure alors plusieurs jours dans ces immenses parcs en attendant son arrêt de mort.

Le *permis d'abatage* est donné. Les victimes sont alors conduites à un étage supérieur de l'usine, où les accueille un personnel tout de blanc habillé (1).

Le vulgaire bâton de nos ancêtres, qui déprécie la viande en la contusionnant, est remplacé par une tige métallique en contact avec un fil aérien chargé d'électricité. Il suffit de toucher légèrement l'animal pour le faire avancer vers le lieu d'abatage. Dès son entrée dans le palace-frigo, le bœuf se rend ainsi compte des ménagements dont on l'entourera et de la bienfaisante suggestion pro-

(1) Les femmes ont une blouse, les hommes une veste de toile blanche, tous un bonnet également de toile blanche. Certaines usines emploient de 1.500 à 3000 personnes des deux sexes.

duite par la traditionnelle pancarte : « Soyez bons pour les animaux », qu'il peut lire sur tous les murs et à tous les coins.

On procède alors à sa dernière toilette : pendant 10 ou 20 minutes il est soigneusement baigné et douché.

Comme dans toutes nos grandes usines modernes, la division du travail permet aux ouvriers d'acquérir un coup d'œil et une habileté remarquables. L'un d'eux donne le coup de massue qui foudroie instantanément l'animal, un autre le saigne dès qu'il est suspendu par les pattes de derrière à un crochet roulant, un troisième fait une section de l'œsophage qui permet à l'estomac de se vider de son contenu sans se mélanger au sang.

Après ces premières opérations, le bœuf est remis à terre, pour être dépouillé, et, après section des pattes au jarret, il « est de nouveau sus- « pendu à d'autres crochets roulants que, s'il est « reconnu sain, il ne quittera plus jusqu'à la « congélation complète. »

On procède alors à l'*éviscération* et à la section de la tête.

« Les viscères et la tête sont recueillis sur une « table basse où l'eau circule continuellement; « ils passent de mains en mains et sont l'objet

« de soins, de préparations et d'examens. En « même temps qu'eux et parallèlement, chemi- « nent les deux moitiés de l'animal », que l'on a scié par le milieu de la colonne vertébrale. Inspection minutieuse de toutes les vertèbres à cause de la tuberculose possible, lavage avec une brosse à circulation d'eau, séchage avec des linges chauds, incision et examen vétérinaire des séreuses et des ganglions, étiquetage, ou si l'on préfère, apposition d'une fiche sanitaire, estampillage, classification, enfin, suivant que le bœuf fera de la viande congelée ou de la viande refroidie, ou de la viande de conserve ou de l'extrait de viande, suivant aussi le pays auquel il est destiné. S'il est gras, on l'enverra de préférence aux Anglais; s'il est maigre, aux Italiens; s'il est entre les deux, aux autres pays.

« Si l'animal a été reconnu malade, il bifurque « sur le trolley et est l'objet d'un nouvel examen « de la part des vétérinaires inspecteurs, qui « jugent si tout ou partie seulement de l'animal « doit être sacrifié. »

Pendant 24 à 36 heures, les viandes séjournent dans une antichambre froide, dite *salle d'essorage* ou ressuage, dont la température est un peu supérieure à 0°. Elles sont ensuite placées dans les *chambres de congélation*, s'il y a lieu, et y restent de trois à six jours, entre —8° et —15°.

Une fois la congélation à « *cœur* » obtenue, le bœuf est divisé en quatre quartiers, puis on procède à son habillage. On l'enveloppe d'une toile de cotonnade d'abord, d'une toile à sac ensuite. Il est prêt pour le voyage en mer... Il attendra l'arrivée du bateau qu'il l'emportera en Europe dans une *salle de conservation* dont la température est maintenue aux environs de —6°.

Combien de temps la viande peut-elle rester dans la chambre froide sans altération?

La viande refroidie, celle que Tellier a toujours préférée et qui aujourd'hui encore est presque la seule qui entre en Angleterre, peut se conserver intacte pendant quatre ou cinq semaines.

La viande congelée, elle, peut théoriquement se conserver des siècles, témoin l'histoire des mammouths. Il paraît que, après la guerre, on a vendu des viandes ayant plusieurs années de congélation.

Pratiquement, le séjour de cette denrée dans les frigorifiques est de six mois à un an. Aujourd'hui les viandes mises sur le marché n'ont souvent pas trois mois de conservation.

Trois fois sur quatre, notre bœuf voyagera sous pavillon anglais, car le Royaume-Uni possède à lui seul plus des trois quarts des 400 gros navires pouvant transporter des viandes conservées.

Les grands paquebots servent au transport des passagers de toutes classes : le bœuf évidemment voyage en.... dernière classe, c'est-à-dire dans les cales aménagées en frigorifiques.

L'*embarquement* se fait avec précaution. Le passage de la viande a lieu sous hangar ou sous bâche : directement la viande est donc dirigée au moyen de crochets roulants des chambres froides au bateau. Ni le soleil, ni la pluie, ni la poussière, ne peuvent l'altérer.

Certains vapeurs reçoivent jusqu'à 12.000 bœufs ou 120.000 moutons. Ils peuvent naviguer plus d'une semaine sous les tropiques et dans des eaux chauffées à 30°, la viande se conserve aussi bien qu'à terre, grâce à l'isolement parfait des cales et aux machines frigorifiques dont les tubes à circulation de saumure incongelable tapissent littéralement les parois. On a généralement recours à l'acide carbonique et au chlorure de méthyle.

En cours de route on surveille, cela va sans dire, la température des chambres froides.

A l'arrivée à destination, les machines fonctionnent pendant toute la durée du *déchargement*, qui se fait avec la plus grande rapidité possible.

Des entrepôts frigorifiques, placés sur les quais

où viennent accoster les navires, ont été créés au Havre, à Marseille, à Bordeaux, à Boulogne, à Dunkerque et à Rouen, pour ne parler que de nos ports français.

Dans les deux premiers, le transport du bateau à l'entrepôt des docks a lieu dans une gaine fermée. Bientôt le bœuf sera dirigé de ces entrepôts côtiers aux entrepôts de l'intérieur du pays par voie de terre. Un wagon spécial l'attend en gare. Les trois Compagnies qui se chargent de ce transport : État, P.-L.-M. et P.-O., possèdent ensemble plus de 2.000 wagons isothermiques, c'est-à-dire à très forte isolation. Aujourd'hui que l'on connaît bien le rôle de l'humidité et celui de la ventilation, auxquels Tellier attachait tant d'importance, on s'efforce de réaliser des types de wagons adaptés à chaque variété de denrées, viande, poissons, fruits ou légumes.

Arrivés aux gares frigorifiques (1), ces wagons sont déchargés dans un hall refroidi à parois isolantes, puis les marchandises sont encore déposées dans des chambres froides. A Paris-Ivry, on compte 24 chambres réparties en cinq étages. A Paris-Bercy, l'étage inférieur se trouve de plain-pied avec le quai de Bercy. Il est cons-

(1) Paris possède cinq entrepôts frigorifiques très importants : Ivry, Bercy, Clichy, Vaugirard et les Halles.

titué par une série de vastes tunnels parallèles de 30 mètres de largeur et de 300 mètres de longueur. C'est un de ces tunnels, dont les voûtes ont une épaisseur de 1 m. 40 à 4 m. 50, qui a été choisi pour y installer les chambres froides. Deux d'entre elles peuvent être maintenues à 30 degrés au-dessous de zéro. Un laboratoire de chimie très moderne se trouve au centre de l'entrepôt.

Notre bœuf devient alors la propriété d'un boucher détaillant. Il va se décongeler lentement, comme nous allons le voir.

Contrairement à un préjugé très répandu dans le public, les viandes, qu'elles soient simplement refroidies à 0° ou congelées à —5°, se gardent fort bien après leur sortie des chambres froides.

Tellier a fait remarquer depuis longtemps que la viande fraîche, à l'étal d'un boucher, a une température de 37 à 38°, et cette température, surtout en été, ne s'abaisse que très peu. La viande frigorifiée, au contraire, sort du magasin à 0° au moins et ne s'échauffe que lentement. Elle a perdu en outre une certaine quantité d'eau, et, pour ces deux raisons, elle est moins apte à subir l'action microbienne.

Aucune installation spéciale n'est nécessaire

pour décongeler convenablement cette viande. Les seules précautions à prendre sont de le faire *lentement et dans un air sec*. On peut la vendre à l'état de congélation, comme en Angleterre et certaines villes de France. Elle est alors débitée à la scie. La plupart des bouchers préfèrent l'état de demi-congélation, parce qu'elle se débite comme la viande fraîche et se *tient mieux* que totalement décongelée. Si l'air est humide, une condensation de vapeur d'eau favorise la production des moisissures. Celles-ci n'altèrent en rien les qualités de la viande et ne sont que superficielles : il suffit donc de les essuyer avec un linge propre.

Après l'étal du boucher, la table de cuisine. Nous sommes arrivés à la fin du voyage : le bœuf est prêt à être consommé.

Nous savons que cette viande a conservé ses vitamines, puisque le froid ne modifie ni le sérum du sang, ni les extraits des diverses glandes. Nous savons encore qu'au point de vue hygiénique, elle nous donne de plus sérieuses garanties que la viande fraîche, puisqu'une propreté minutieuse a dû présider à sa manipulation, qu'une inspection très sévère a éliminé les viandes douteuses et que si quelques larves de parasites (ténia ou vers solitaire) s'y trouvaient à l'entrée du frigorifique, elles seraient totalement détruites en arrivant à la cuisine. Quelques jours à —15° suffisent en effet pour obtenir cette destruction absolue.

Il est rare que la viande que nous achetons soit entièrement décongelée. Nous la mettrons donc dans un endroit frais, mais pas trop humide. Surtout, nous nous garderons bien de l'exposer aux rayons du soleil ou près du fourneau. Elle perdrait ainsi une partie de sa valeur nutritive en abandonnant une certaine quantité de son jus, elle aurait ainsi moins de goût, et s'il s'agit d'un rôti ou d'une grillade, elle serait sèche et dure.

De préférence, nous placerons notre morceau de bœuf sur un gril ou sur un tamis, avec une assiette au-dessous, afin qu'il ne baigne pas dans son jus. En hiver et par temps frais, nous ajouterons ce dernier aux sauces ou aux braisés.

Quand elle n'offre plus de résistance au doigt, la viande est décongelée. Pour avoir la certitude qu'elle n'aura pas mauvais goût, nous lui enlèverons une mince couche de graisse et, s'il s'agit de gigot ou de côtelettes de mouton, nous enlèverons aussi les peaux.

Le Docteur Laure recommande en terminant différents procédés :

Pour les petites pièces à rôtir ou griller, les enrober dans un peu d'huile et les y laisser jusqu'au moment de mettre au feu. Pour les autres morceaux, les tremper pendant une ou deux minutes dans l'eau bouillante. Ces deux précautions facultatives ont pour but de s'opposer à la déperdition du jus, et donc d'obtenir une viande plus tendre et plus savoureuse. On traitera de même le pot-au-feu par l'eau bouillante, puis on le remettra à l'eau froide avec un peu plus de garniture que pour la viande fraîche. Généralement, la « *frigo* » demande en effet un assaisonnement un peu plus important, une durée de cuisson un peu supérieure et surtout un feu très vif pour la saisir brusquement. Ces recommandations générales observées, les plats les plus succulents seront dignes de paraître sur les tables des plus fins gourmets.

II

L'INDUSTRIE FRIGORIFIQUE

Tellier avait en quelque sorte prévu les services éminents que le froid rendrait aux armées alliées pendant la grande guerre.

En 1908, il avait écrit : « La nourriture du soldat est d'ordre absolument supérieur (1). » Il lui faut de la bonne viande, achetée à bon marché. Ces deux conditions se rencontrent dans les pays de production quand on fait l'abatage sur place. Mais les champs de bataille ne sont pas précisément des pays de production. En temps de paix aussi, il est de plus en plus nécessaire de conserver et de transporter la viande dans les centres de consommation. Le froid permet ce résultat et facilite ainsi grandement l'alimentation des armées.

Chose vraiment curieuse : on peut dire que c'est la guerre 1914-1918 qui a développé l'industrie frigorifique, au point où nous la trouvons aujourd'hui.

(1) *Les applications du froid dans le commerce et l'industrie*, p. 9.

A la mort de Tellier (1913), les navires, entrepôts, wagons, abattoirs frigorifiques, en un mot l'outillage spécial qu'exige le commerce des viandes congelées, était bien réduit. « L'importation était pratiquement prohibée, autant en raison des exigences de l'inspection sanitaire que du fait des droits de douane (1) », qui s'élevaient à 35 fr. par 100 kilos au tarif minimum.

Mais le 2 août 1914, le Gouvernement eut l'heureuse initiative de lever ces prohibitions. Puis, pendant toute la guerre, il a lui-même créé l'outillage nécessaire et réussi à réaliser une importation moyenne de 210.000 tonnes par an.

La France et ses alliés n'oublieront jamais que c'est grâce aux travaux de Tellier que leurs troupes ont pu être ravitaillées en viande congelée et que leurs habitants, demeurés à l'arrière, n'ont pas connu les affres de la faim.

Un grand périodique anglais n'a pas craint d'écrire à ce sujet : « C'est le froid qui, en assurant le ravitaillement de nos armées, a sauvé la situation. »

La reconstitution de notre cheptel national devait, cela va sans dire, diminuer considérable-

(1) Nous empruntons les éléments de ce bref historique au Rapport du Comité central des viandes et produits frigorifiés, 5, boulevard Malesherbes, Paris, 1927.

ment le chiffre d'importation. En 1919, nous constatons encore 259.000 tonnes, mais en 1920, 163.000 ; en 1921, 63.000 et pour les 5 dernières années la moyenne annuelle est de 75.000 tonnes. Cela ne représente plus que 5 o/o de la consommation de la viande.

Cette diminution paraît être particulière à notre pays. En Angleterre, en Italie, en Belgique et en Allemagne, l'importation, au contraire, augmente d'une année à l'autre dans des proportions incroyables.

La production mondiale est de 1.400.000 tonnes.

Si maintenant nous comparons les prix de la viande frigorifiée et de la viande fraîche, nous constaterons que, de 1921 à 1926, la première fut toujours meilleur marché.

La Société anonyme des comptoirs Henri Lebossé (1), une des plus importantes sociétés frigorifiques, a eu l'heureuse initiative de publier récemment, en appendice de ses rapports et résolutions de l'exercice 1926, les prix de vente du kilogramme de viande de bœuf ex-octroi à Paris pendant les six dernières années.

Voici la moyenne de ces prix comparés entre

(1) Assemblée générale ordinaire du 29 avril 1927, 12, rue de Viarmes, Paris.

la demi-bête de bœuf congelé et le cours officiel du bœuf frais de deuxième qualité de la Villette :

	Bœuf congelé	*Bœuf frais*
1921	3 fr. 61	5 fr. 70
1922	2 fr. 52	5 fr. 10
1923	3 fr. 08	5 fr. 82
1924	3 fr. 75	7 fr. 38
1925	4 fr. 55	7 fr. 70
1926	6 fr. 17	8 fr. 48

*
* *

Si nous jetons maintenant un regard d'ensemble sur toutes les industries, autres que celles de la viande, qui utilisent aujourd'hui le froid artificiel, nous sommes frappés de l'influence considérable que celui-ci exerce dans le monde.

Pour l'Amérique du Nord seulement, où l'application industrielle du froid s'est développée à un degré plus élevé que partout ailleurs, M. Sanders cite 218 industries et genres d'affaires où le froid est utilisé (1).

D'après les statistiques américaines de 1904, le nombre total d'installations s'élève en ce pays à

(1) Communication présentée au 4e Congrès international du froid, Londres, 1924.

27.327. La moitié environ de la puissance frigorifique est utilisée pour la fabrication de la glace elle-même et pour l'entreposage, l'autre moitié pour les industries et commerces divers.

Le public français, pour lequel, le plus souvent, « *frigo* » ne signifie que de la viande de boucherie, apprendra sans doute avec stupéfaction que plus de deux cents espèces différentes d'articles sont conservées dans des entrepôts frigorifiques et que la fabrication, la préparation ou le raffinage de presque toutes les denrées alimentaires qu'il absorbe utilisent le froid industriel.

On peut citer : les bières et les boissons gazeuses, le cacao, les champignons, le chocolat, le cidre, la confiserie, les conserves marinées, les eaux minérales, la farine, les fruits, le fromage, les huiles végétales, minérales et animales, les huîtres, le lait frais et le lait condensé, les liqueurs, les œufs, le pain pour régler la fermentation et conserver la levure et le malt, le poisson, le saindoux, les saucisses, le sel, les sirops, le sucre de canne et de betterave, les vinaigres et les volailles...

En dehors de l'alimentation, les industries les plus variées se servent actuellement du froid. Nous retrouvons d'abord presque toutes les applications suggérées par Tellier et qui sont devenues d'un usage courant :

Conservation des fleurs ;

Entreposage des pièces anatomiques et chambres froides pour les fiévreux ;

Fabrication des explosifs et des thermomètres ;

Morgues ;

Rafraîchissement de l'air des immeubles publics et privés ;

Refroidissement des magasins de navires de guerre ;

Prolongation de l'hibernation des animaux, tels que les vers à soie, les coccinelles, etc..., ou des végétaux, tels que bulbes, semences, plantes, arbres fruitiers, etc...

Ce qui étonne davantage, c'est de rencontrer des industries qui, à première vue, n'ont aucune relation avec le froid :

Fabrication des gants, du savon, des chaussures et des cirages, des pianos, des corsets, de l'encre, des allumettes, du verre, de la colle forte et de la colle de poisson, de la soie, du papier, de la paraffine, des extraits aromatiques et des parfums, des bandages pneumatiques, des vernis, des montres, des charrues, des lames de rasoir de sûreté, du celluloïd, de l'aluminium, de l'ammoniaque, des automobiles, du laiton, des bougies, du cristal taillé, des couteaux, des décalcomanies, des limes, du liège, des couleurs, des appareils et du matériel photographiques, des films cinématographiques, des scies, des machines agricoles, de l'air liquide, de l'acétylène, des freins à air et des chapeaux.

Le froid est encore utilisé dans les blanchisseries, dans la construction des ponts, wagons, navires, carburateurs, dans le forage des puits, dans la préparation des sérums et des vaccins, dans le travail du caoutchouc, dans la manipulation du tabac, la fabrication des cigares, des cigarettes et du tabac à priser, dans le traitement des peaux et les tanneries, pour le raffinage du pétrole, dans l'industrie des mines, la quincaillerie, les textiles, le travail des laines et celui des rognures de zinc.

Après une telle énumération, on n'est plus étonné de voir les fonderies et les hauts fourneaux eux-mêmes se servir de machines frigorifiques !

Un jour viendra peut-être où le chauffage central sera produit par le froid..... Un ingénieur américain a proposé récemment de chauffer les immeubles au moyen d'une installation frigorifique. D'après lui, ce ne serait qu'une simple question de coût de combustible.

III

ŒUVRES DE CHARLES TELLIER

A

Mémoires originaux et notes présentées à l'Académie des Sciences

1861. *Note à l'Académie pour produire de la glace par la liquéfaction de l'ammoniaque.*

1862. *Note sur la production de la glace et du froid au moyen de l'éthylamine et de la méthylamine.*

1865. *Note sur de nouvelles applications des propriétés physiques de l'ammoniaque.*

1866. *Note sur la fabrication de l'éther méthylique et la production du froid.*

1868. *Machine frigorifique à compression mécanique de l'éther méthylique.*

1868. *Note sur l'aération des locaux.*

1871. *Note sur l'emploi du froid et de la glace dans les amputations.*

1871. *Deuxième note sur le même sujet indiquant l'emploi du froid sec.*

1871. *Note relative à deux procédés pour la conservation de la viande.*

1872. *Note sur la production économique de la glace et du froid.*

1872. *Deuxième note sur le même sujet.*

1873. *Avis d'expériences de conservation. Nomination d'une Commission académique.*

1874. *Rapport de la dite Commission : MM. Bouley, Milne-Edwards et Péligot.*

1875. *Note annonçant le départ du « Frigorifique ».*

1876. *Note sur le départ du « Frigorifique ».*

B

Principaux ouvrages

1866. *L'ammoniaque dans l'industrie.*

1867. *Production de la glace à domicile.*

1867. *Les chemins de fer départementaux ou d'intérêt local à bon marché.*

1868. *L'impôt unique et ses conséquences.*

1869. *Le chauffage des vins.*

1870. *La glace dans les campements militaires.*

1871. *L'impôt unique et l'invasion de 1870.*

1871. *Le salut de la France par l'impôt unique.*

1871. *Conservation de la viande et autres substances alimentaires par le froid et la dessication* (deux extraits du journal « Les Mondes »).

1871. *Le froid appliqué à la production de la bière.*

1872. *L'impôt proportionnel sur les factures et M. Thiers.*

1872. *La libération du sol par l'impôt proportionnel sur les factures avec projet de loi et commentaires à l'appui.*

1875, 1888. *Importation en France des viandes fraîches conservées par le froid.*

1877. *Communication aux actionnaires de la Société fondatrice pour la conservation de la viande fraîche par le froid.*

1880. *La vie à bon marché.*

1881. *La Morgue* (trois opuscules).

1884. *Étude sur la thermo-dynamique.*

1885, 1891. *Le véritable Métropolitain.*

1886. *Le projet du Métropolitain soumis aux Chambres.*

1890. *La conquête pacifique de l'Afrique occidentale par le soleil.*

1890. *Élévation des eaux par la chaleur solaire.*

1901. *La vie allongée sous tous les climats.*

1910. *Le Frigorifique,* Histoire d'une invention moderne.

1913. *La force motrice et le froid.*

1913 (avril). *Les richesses des contrées tropicales.*

1913 (juin). *La conservation de la viande et des matières organiques alimentaires par des moyens naturels.*

IV

COMITÉ CHARLES TELLIER

5, boulevard Malesherbes, Paris

(constitué à l'occasion du Centenaire de sa naissance)

Membres du Comité d'honneur

MM. Queuille, Ministre de l'Agriculture;

Bokanowski, Ministre du Commerce;

Son Exc. M. de Souza Dantas, Ambassadeur du Brésil;

Son Exc. M. Alvarez de Toledo, Ministre Plénipotentiaire de la République Argentine;

Son Exc. M. A. Guani, Ministre Plénipotentiaire de l'Uruguay;

André Lebon, Ancien Ministre, Président de l'Institut International du Froid;

A. Massé, Ancien Ministre du Commerce;

J.-H. Ricard, Ancien Ministre de l'Agriculture;

Ollivier, Gouverneur Général de Madagascar;

Paul Bouju, Préfet de la Seine;

A. Morain, ancien préfet de police;

Le Préfet de Police;

Le Président du Conseil Général de la Seine;

Le Président du Conseil Municipal;

Le Maire du 1er Arrondissement;

Maurice QUENTIN, Ancien Président du Conseil Municipal;

Ambroise RENDU, Conseiller Municipal;

Fernand LAURENT, Conseiller Municipal;

COSNIER, Ancien Sénateur;

D'ARSONVAL, Professeur au Collège de France, Membre de l'Académie des Sciences et de l'Académie de médecine;

Georges CLAUDE, Membre de l'Institut;

Le Professeur LECLAINCHÉ, de l'Institut, Chef des Services vétérinaires au Ministère de l'Agriculture;

L'Intendant Général FOUCAUD, Inspecteur Général des Subsistances Militaires;

L'Intendant Général BLONDEL, Directeur de l'Intendance du Gouvernement Militaire de Paris;

Le Professeur MARTEL, de l'Académie de Médecine, Directeur des Services vétérinaires à la Préfecture de Police;

Les Présidents des Chambres de Commerce de Paris, d'Amiens, de Bordeaux, de Boulogne, de Dunkerque, du Havre, de Lyon, de Marseille, de La Rochelle-Pallice, de Rouen;

Charles TELLIER Fils.

Membres du Bureau du Comité actif

Présidents : MM. André LEBON, président de l'association française du froid;

Hubert GIRAUD, président du Comité

central des viandes et produits frigorifiques;

FIRMINHAC, président du Syndicat général de l'industrie frigorifique.

Secrétaire général : M. Henri LEBOSSÉ, administrateur délégué des comptoirs frigorifiques Henri Lebossé.

Trésorier : M. SIGMANN, directeur de la Compagnie des transports frigorifiques.

TABLE DES MATIÈRES

TABLE DES MATIÈRES

Imprimerie spéciale des Éditions Publiroc, Marseille.

www.ingramcontent.com/pod-product-compliance
Ingram Content Group UK Ltd.
Pitfield, Milton Keynes, MK11 3LW, UK
UKHW020243180726
13839UKWH00001B/152

9 782329 219080